一生都是少年

辛弃疾传

随园散人——著

台海出版社

**图书在版编目（ＣＩＰ）数据**

辛弃疾传：一生都是少年 / 随园散人著. –– 北京：
台海出版社，2022.9
ISBN 978–7–5168–3315–5

Ⅰ.①辛… Ⅱ.①随… Ⅲ.①辛弃疾（1140–1207）
– 传记 Ⅳ.①K825.6

中国版本图书馆CIP数据核字(2022)第093554号

## 辛弃疾传：一生都是少年

著　　者：随园散人

出 版 人：蔡　旭　　　　　　　封面设计：北京弘果文化传媒
责任编辑：曹任云

出版发行：台海出版社
地　　址：北京市东城区景山东街20号　邮政编码：100009
电　　话：010-64041652（发行，邮购）
传　　真：010-84045799（总编室）
网　　址：www.taimeng.org.cn/thcbs/default.htm
E－ma i l：thcbs@126.com

经　　销：全国各地新华书店
印　　刷：北京中科印刷有限公司
本书如有破损、缺页、装订错误，请与本社联系调换

开　　本：880毫米×1230毫米　　　1/32
字　　数：158千字　　　　　　　　印　　张：7.75
版　　次：2022年9月第1版　　　　印　　次：2022年9月第1次印刷
书　　号：ISBN 978-7-5168-3315-5

定　　价：46.00元

贺新郎·寄稼轩

　　拄杖闻啼鸠。叹人间、风流万古，杳如尘屑。快马轻裘长啸日，一剑千山飞雪。才应与、陈王同列。行尽红尘无别事，望中原、欲补苍天裂。伤心处，山河缺。

　　男儿到死心如铁。笑功名、是非成败，一灯明灭。青史算来应有恨，辜负丹心碧血。忆武穆，壮怀激烈。归去篱东闲种菊，弄扁舟、常与渔樵别。盟鸥鸟，吟风月。

——随园散人

# 序言

世间你我，皆是赶路之人。

于万丈红尘，停停走走，寻寻觅觅。

我们寻找风景，亦错过风景；我们属于故事，亦疏离故事。

断桥烟雨，草树斜阳，我们都曾得见；浮沉起落，悲欢离合，我们都曾经历。终于发现，风景与故事都无法长久。我们终将抛开所有前尘往事，继续走在漫长的路上，一身孑然。或者说，我们终将被前尘往事抛开，带着孤独的自己，开始新的旅程。

人生，不过漂泊一场。

相逢与离别，得到与失去，皆属于缘分。

最重要的是，在漫长的路上，勿忘心安。

西风四起的日子，推开岁月的门，看到了那个身影。英武豪迈，壮怀激烈，是他；清癯落寞，苦闷哀伤，是他。自然，吟风弄月，笔下生风，亦是他。

他是生不逢时的辛弃疾。

文能提笔安天下，武能上马定乾坤。

可惜，空有宏愿，终究没有用武之地。

辛弃疾出生的时候，宋朝的盛世华年早已凋谢。《清明上河图》

里的太平盛世，已被金人的马蹄踩碎。在那场叫作"靖康之变"的暴风骤雨之后，一个曾经华美无比的王朝，只剩半壁江山。庙堂上的君臣在战战兢兢之中，寻找着久违的欢愉。终于，山河破碎的悲哀变成了流连山水的沉醉。一个卑微偏安的朝廷，只有少数人坚持着收复中原的理想。但这样的坚持，也被江南的迷离烟水遮住，渐渐没了声响。

辛弃疾一生主张抗金，收复山河。

如果可以，他愿意战死沙场，马革裹尸。

而结局却是，壮志未酬，人已离开了红尘。

很多时候，他只能将悲愤与无奈写在词里。他说，"男儿到死心如铁，看试手、补天裂"；他说，"却将万字平戎策，换得东家种树书"；他说，"休去倚危栏，斜阳正在，烟柳断肠处"。无奈也好，悲凉也好，愤懑也好，那就是他的人生。

无论是谁，都无法选择岁月。

我们只是有幸被岁月选中，赴一场人生的约。

岁月无情，不会为任何人安排一个恰到好处的年代。

事实上，即使是北宋的词人，比如柳永、苏轼、李清照，也各有各的愁苦。将视野延展开来，再往前，陶渊明、李白、杜甫，都曾在岁月深处喟然长叹；或者往后，唐寅、纳兰容若、王国维，也都避不开憔悴与荒凉。

浮生若梦，为欢几何。

活在人间，本就是悲喜交集，冷暖自知。

须知，不完满的才是人生，不熨帖的才是岁月。

不管怎样，我们总要在这自己的世界，深情地活着。

辛弃疾便是这样。壮志难酬，他将自己交付给了田园山水，与诗酒为伴，与草木为邻。于他，有文字，便有寄身之处。他的文字，慷慨中有狂放，狂放中有安恬。他写"想当年，金戈铁马，气吞万里如虎"，也写"不恨古人、吾不见，恨古人不见吾狂耳"。当然，他也写"茅檐低小，溪上青青草。醉里吴音相媚好，白发谁家翁媪"。

这就是他，豪放中不失温柔的辛弃疾。

他是这样，既可以气吞山河，也可以情牵风月。

他的一生，就像是与沉默的岁月下了一盘残棋。每一步，他都走得很认真，却终究还是落了下风。在岁月面前，偶尔的旗开得胜，都不值得庆幸。我们终会折戟沉沙。毕竟，人生太短，岁月太长。尽管如此，我们仍应认真地活着，尽情尽兴。

一个破落的时代，一个羸弱的朝廷。

活在那段时光里，辛弃疾注定满心悲凉。

但他，还是以一个词人的形象，活成了风景。

人生，不过漂泊一场。风霜雨雪、离合悲欢，都会如期上演，谁都无法避开。我们能做的，只是修一颗从容之心，尽量做到得失随缘，不纠结，不沉湎。

如此，方能与岁月握手言和。

如此，方能活成风景。

# 目 录
contents

contents

c o n t e n t s

## 卷一：旌旗拥万夫

人生，是一场旅行。

途中的我们，寻找风景，亦寻找自己。

走走停停之间，不知身在何处。

### 岁月深处

西风四起的日子。

把盏篱下，醉意阑珊。

说是与时光对酌，其实是在祭奠岁月。

永远是这样，我们与岁月同行，却又总是被岁月疏离；我们住在岁月里，却又在岁月里栉风沐雨；我们与岁月把酒言欢，却又两不相知。于岁月，生命只如尘埃。毕竟，岁月无限，而我们只是路过人间，匆匆而来，匆匆而去。

岁月，是一首长诗。

没有开头，亦没有结尾。

只看见残灯明灭，照着世事尘埃。

总有人在这沉默的诗里面，饮着酒，描摹天地，吟诵春秋。遥遥望去，有人采菊东篱，种豆南山；有人斗酒诗百篇，天子呼来不上船；有人行到水穷，坐看云起；有人感叹人生如梦，清樽酹酢明月；有人酒醒时，对着杨柳岸晓风残月满心萧瑟；有人立在残阳之下，说当时只道是寻常。

有了诗，岁月在凄凉中多了几分温柔。

有了诗，世间的许多事，便有了寄身之处。

只是，有些事让诗人沉默不语，连下笔的勇气都没有。

比如，山河破碎，繁华凋零。

辛弃疾便是如此。在大多数人的印象里，他都是雄姿英发、气吞山河的。然而，对着一场荒凉的往事，饮着浊酒，他也无话可说。对于许多人，那都是一场不忍翻开的往事。就好像早已结痂的伤口，再去掀开未免太残忍。

但我们必须掀开那段岁月。

只有看清岁月的伤，才能对岁月慈悲。

无须推开那扇门，只是靠近，便能听到马蹄声乱，便能看到荒草无边。八百多年前，鼓角争鸣、烟尘散漫，裹挟着野心与欲望，大地与时光一片凌乱。大宋王朝，以及无数生命，在金人的铁蹄下，奄奄一息。

曾经，大宋王朝在张择端的《清明上河图》里尽显安稳祥和，说不上河清海晏，至少是天下承平。但是后来，大宋王朝的周围，渐渐有了马蹄声，有了刀光剑影。一段平静的岁月终于变得不安，继而凌乱，最后是荒凉。

最初，宋与辽对峙多年，各有胜负，因"澶渊之盟"，双方弭兵修好多年。后来，辽国日渐衰落，女真部落又不断崛起。彼时，女真部落无法忍受辽国的剥削和压迫，在完颜阿骨打的带领下，开始了一场轰轰烈烈的反辽战争，势力不断扩大。公元1115年，完颜阿骨打称帝，建立了金国。

那时的辽国，已是民生凋敝，军力涣散。在金国强大的军事进攻下，辽国不断败退。此时，北宋王朝选择与金结盟，联合灭辽。最后，金军攻下了辽上京（今内蒙古赤峰）、中京（今内蒙古宁城）、南京（今北京西南）。辽国在事实上已经灭亡，其全部领土已被金人占领。

在与宋联合灭辽的过程中，金人发现北宋王朝外强中干。于是，在辽国灭亡之后，金国将矛头直指北宋。北宋的万里河山，让后起的金国垂涎不已。而此时的北宋王朝，却看不到那双虎视眈眈的眼睛。庸碌的宋徽宗还在认真地描摹着他的瘦金体，宋室的臣子们依旧沉醉在一场华丽的梦里。一边是兵强马壮，雄心万丈；一边是文恬武嬉，歌舞升平。战争的结局早已注定。

北宋宣和七年（1125），金军分东、西两路南下攻打宋朝。东路由完颜宗望领军攻燕京。西路由完颜宗翰领军直扑太原。东路金兵破燕京，渡过黄河，南下汴京（今河南开封）。宋徽宗赵佶见情势危急，匆忙禅位给太子赵桓，是为宋钦宗。然而，新皇帝依旧庸碌，一段流光溢彩的岁月终会在他手里零落无声，只剩一场让人不忍卒读的往事。

靖康元年（1126）正月，完颜宗望率金兵进至汴京城下，逼宋议和后撤军，金人索要五百万两黄金及五千万两银币，并要求北宋割让中山、河间、太原三镇。同年八月，金军又两路攻宋。闰十一月，金两路军会师攻克了汴京。宋钦宗亲自至金人军营议和，被金人拘禁。最终，除徽、钦二帝之外，还有大量赵氏皇族、后宫妃嫔与贵族、朝臣等共三千余人被掳至金国，汴京城中公私积蓄为之一空。这便是靖康之变，北宋从此灭亡。

繁华只如纸页，经不起风吹雨打。

许多年前，那段叫作开元盛世的时光，也让人心驰神往。但是后来，"安史之乱"发生，时光碎落，繁华难再。就像一场好梦到最后只剩落花无数。宋朝的历史亦是如此。

靖康二年（1127）五月，原任河北兵马大元帅的康王赵构，在应天府（今河南商丘）即位，是为宋高宗，改元建炎。南宋的历史由此开始。

建炎元年（1127）冬，金兵卷土重来，大举南侵，迅速占领了华北、山东等大片土地。其后，宋高宗被金军追赶着一路南逃。建炎三年（1129）九月，金兵渡江南侵，如入无人之境。宋高宗带着一众孱弱臣僚一路南逃。建炎四年（1130）夏，在金兵撤离江南后，宋高宗辗转回到临安，并将临安府定为南宋的行在。绍兴八年（1138），定临安为都。

南宋，无疑是一个让人沉默的王朝。

江南的山光水色，掩着一段偏安的岁月。

气质与风骨，无处寻觅。

遥遥望过去，只看到许多瘦弱的身影在江南的烟水之间，吟风弄月，醉生梦死。那是南宋的君臣们瑟缩着身体，做着一场旖旎的春梦。偶尔，他们望向北方，蓦然间产生收复河山的念头。但这念头很快就被偏安的情绪掩盖。与收复中原相比，他们更愿意守住那一隅的安乐。正如林升在《题临安邸》一诗中所写：

山外青山楼外楼，西湖歌舞几时休？
暖风熏得游人醉，直把杭州作汴州。

杭州，自然是美的。

三秋桂子，十里荷花。

山寺月中寻桂子，郡亭枕上看潮头。

所以，宋高宗将这座被誉为"人间天堂"的城市定为了国都。上自帝王将相，下至士子商人，在以屈辱换得苟安之后，大修楼堂馆所。宫殿楼观一时兴起，达官显贵、富商大贾相继修建宅第，并大肆歌舞享乐，致使西湖有"销金锅"之称。有志气的诗人们都会对南宋君臣的寻欢作乐不齿，却也无可奈何。他们只能以手中的笔，写出心中的愤懑与悲哀。

辛弃疾这个气贯长虹的词人，也只能将所有的愁闷安置在文字里。他始终心存收复河山之志，可惜的是，整个王朝失了气骨，他的雄心壮志，只如残灯一盏，照不亮万里河山。于是，他对着破落山河下笔，满纸悲凉。

辛弃疾一生以恢复中原为志，以功业自许，却命运多舛，壮志难酬。但他恢复中原的信念始终不曾动摇。南宋统治集团无所作为，辛弃疾只能将满腔激情全部寄寓于词作之中。

其词风格多样，以豪放为主，风格豪迈又不乏细腻柔婉之处，题材广泛又善用典故，抒写力图恢复中原的爱国热情，倾诉壮志难酬的悲愤，也有不少吟咏家园河山的作品。

他是个词人，也是个将领。他的手中，既有诗笔，也有长剑。与他相比，中国历史上的许多文人相对文弱。可惜，长剑尚未出鞘，人生已到终点。他的雄心壮志，终于在岁月中沉默了。但人们都记得，他为了理想矢志不移、四方奔走的身影。那样的时代，一个热血男儿值得被青史永远铭记。

其实，剑气如虹的辛弃疾，也有温柔。只不过，他将温柔给了山水田园、鸥鸟风月。收复中原的志向无处落脚，耿直与率真难容于庙堂，他只能寄身云水，饮酒填词。他的身上，有陶渊明的淡泊，有李太白的飘洒，也有苏子瞻的旷达。但他，不愿做别人，他就是他。他是独一无二的辛弃疾。

他在岁月深处，仰天长啸，跃马关山。

而岁月，亦在他的笔下，荒凉且丰盛。

岁月是一本泛黄的书，有人翻开，有人合上。

怎么读，都读不懂。

## 初见红尘

于这红尘，我们皆是过客。

从来处来，到去处去，一路风尘仆仆。

何时来，何时去，我们都无从选择。

不管怎样，来到人间，便是与这万丈红尘结了一段缘分。尽管人生如梦，充满了风雨和波折，我们还是要带着感恩之心，行走于岁月之中。人们说，一切都是最好的安排。悲欢离合，浮沉起落，都是人生必经的路。只有将其视作风景，驻足凝望，静静思索，才能咂摸出几分人生的味道来。

宋高宗绍兴十年（1140）五月十一，辛弃疾降生于山东济南府历城县。据道光《济南府志》记载，稼轩故居在四风闸。那时候，包括山东在内的北方大片土地，都在金国的统治之下。这个甫降尘世的孩子，不知何为河山破碎，何为世事浇漓。后来，他知道了这些，并且立志收复河山，却终因南宋统治者的踟蹰不前而壮志难酬，思之令人不胜唏嘘。

其实，河山万里并非没有英雄。只不过，经历了一场"靖康之变"，南宋的朝廷里，从君王到臣子，都已成了惊弓之鸟。与收复中原相比，他们更愿意守着江南云水，享受那份卑微的欢愉和安乐。

建炎四年（1130），金国统治者册立北宋降臣刘豫为齐国皇帝，将陕西、淮北、山东和河北等地划归刘豫统治。绍兴七年（1137），金国废掉了伪齐政权，由左副元帅完颜昌遣送南宋使者王伦回归，传递议和意向，承诺归还陕西、河南等地，以及宋徽宗灵柩和宋钦宗、宋高宗生母韦氏等。然而议和尚未开始，金国发生政变，完颜宗弼杀死了完颜昌，废弃了议和。其后不久，完颜宗弼调动数十万大军，分四路进攻南宋。

曾经，金军南侵如入无人之境。而此时，经过十年的休养生息，南宋的军政实力有了很大的增强。而且，自建炎以来，宋军中涌现出岳飞、韩世忠等优秀将领，在与金军的多次作战中，他们的队伍得到了扩充和壮大。金军起兵之初还算顺利，但是越往后就越是举步维艰。仅辛弃疾出生的这一年，金军就在与宋军的交锋中多次落败。

绍兴十年（1140）五月，完颜宗弼率兵攻打顺昌（今安徽阜阳），宋军将领刘锜据城以逸待劳，大败金军。六月，宋军统制官王胜和成闵与金战于淮阳军（今江苏邳州南）南二十里，水陆转战，金兵死者甚众。

闰六月，岳飞受命北上，派前军统制张宪攻颖昌府（今河南许昌），张宪打败金军韩常部。岳家军乘胜进军，收复了颖昌。

顺昌之战后，金军退守河南。岳飞率师北进，连克颖昌府、淮宁府（今河南淮阳）、西京河南府（今河南洛阳东）等地，进逼开封。七月，完颜宗弼率兵进攻郾城（今属河南）。宋军在岳飞的指挥下大败金军，并乘胜进军朱仙镇，收复了黄河以南一带。

这一年，宋军节节取胜。大河南北捷报频传，岳飞深受鼓舞，对部属说："今次杀金人，直捣黄龙府，当与诸君痛饮耳！"自然，这是宋朝所有将士的愿望。他们浴血奋战，不过是为了收复北方的大好河山。

　　然而，南宋朝堂之内，宋高宗与秦桧却一心想着议和。宋高宗对待北伐抗金一事，态度颇为反复无常。在战场局势转向对宋军有利之后，便倾向于自保，数次令岳飞停止进军。同时，秦桧也在不断唆使宋高宗下令班师。因此，在宋军先锋进抵朱仙镇时，岳飞在一天之内接连收到十二道金牌，诏旨措辞严厉，命大军即刻班师，岳飞本人往临安朝见。

　　接到如此荒唐的命令，岳飞悲愤泣下："臣十年之力，废于一旦！"在朝廷的高压钳制之下，岳飞不得不下令班师。大军班师鄂州，岳飞则前往临安朝见。金军完颜宗弼回到开封，又攻取了被宋军收复的河南地区。岳飞在班师途中闻讯，仰天悲叹："所得诸郡，一旦都休！社稷江山，难以中兴！乾坤世界，无由再复！"

　　没错，乾坤世界，无由再复。

　　失去了风骨，南宋王朝只剩一个孱弱的身体。

　　江山风月，尽在一场虚幻的梦里。

　　绍兴十一年（1141），在无力攻灭南宋的情况下，金国准备重新与宋议和。而这正是宋高宗所愿。最终，宋金双方签订了《绍兴和议》：宋向金称臣，且"世世子孙，谨守臣节"。《绍兴和议》签订以后，战争结束了，南宋君臣偏安的日子得以继续。这年十二月二十九日，岳飞在大理寺狱中被杀，时年三十九岁。岳飞的供状上只留下八字绝笔："天日昭昭，天日昭昭！"

　　英雄归了尘土，岁月便归了荒芜。

属于南宋的历史，始终是残破和悲伤的。

那些虚假的欢愉，还不如杨柳岸晓风残月的悲伤来得痛快。

多年以后，翻开宋词，人们总会凝目于岳飞那首《满江红》。

那样的壮怀激烈、气贯长虹，在后来的南宋王朝里再难找到。

怒发冲冠，凭栏处、潇潇雨歇。抬望眼，仰天长啸，壮怀激烈。三十功名尘与土，八千里路云和月。莫等闲、白了少年头，空悲切！

靖康耻，犹未雪。臣子恨，何时灭！驾长车，踏破贺兰山缺。壮志饥餐胡虏肉，笑谈渴饮匈奴血。待从头、收拾旧山河，朝天阙。

壮志饥餐胡虏肉，笑谈渴饮匈奴血。

岳武穆当年的词句，八百多年后读来仍旧令人热血沸腾。

想必，辛弃疾也曾对着这首词，既欣慰，又黯然。

收复中原，是岳武穆的愿望，亦是辛弃疾的。然而，身处那个时代，他们的愿望注定要落空。江南云水，西湖风月，映照着一个王朝的悲伤。但这悲伤里，醉生梦死也清晰可见。

岳飞死前一年，在山东济南府，辛弃疾来到了尘世。据《济南辛氏族谱》记载，辛弃疾的始祖由甘肃的狄道（今甘肃临洮）迁至济南。辛弃疾的始祖辛维叶做过大理评事；高祖辛师古官至儒林郎；曾祖辛寂曾任宾州司户参军；祖父辛赞官至金朝的朝散大夫、陇西郡开国男，知开封府，赠朝请大夫；父亲辛文郁赠中散大夫。

河山破碎，岁月荒凉。

但是，文人们手中的笔从未停下。

对于文人，有诗有酒，苍白的世界便有了味道。

当然，南宋词人笔下的文字，总带着些悲伤和落寞。显然，那是一个时代整体的气息。透过那些词，我们似乎能看到那些身影，在残山剩水之间，饮着酒谈笑，笑着笑着，不知不觉已是悲从中来。于是，噙着泪水填词写诗，一纸悲凉。

辛弃疾出生的时候，柳永已去世八十七年，欧阳修已去世六十八年，苏轼已去世三十九年。这一年，陆游十六岁，范成大十五岁，杨万里十四岁，朱熹十一岁。十四年后，姜夔出生；二十三年后，史达祖出生；三十年后，赵师秀出生。

五十七岁的李清照依旧寓居江南。金兵入据中原后，她流寓南方，从此散淡度日，冷暖自知。每每望向北方，心中总会愁绪顿生，可也毫无办法。一个王朝都只能寄身于江南，何况是她这个弱女子？许多个日子，这个孤苦无依的女子独立残阳，遥望故乡。那里，正是辛弃疾出生的地方。

世间的每个人，都只如枝头树叶。在日光下生长，继而繁茂，继而盛极，最后在秋风里落地归根。这是一场既漫长又短暂的旅程。一场大梦，几度秋凉，人已到了迟暮之时。

现在，属于辛弃疾的人生才刚开始。

世间的一切，悲喜浮沉、聚散离合，都在前方等着他。

就像一幕幕风景。

## 人生是一场修行

人的一生，就像是一首诗。

平平仄仄之间，有阴晴冷暖，有聚散悲欢。

所有的滋味，都要由我们自己来品读。

最初，人生如曲径清溪，寂静而清明；后来，人生如碧海蓝天，盛大而遥远；最后，人生如西风古道，荒凉而萧瑟。丰子恺说："小时候真傻，居然盼着长大。"塞林格说："长大是人必经的溃烂。"大抵是因为，幼时的我们都很天真，也总是无忧无虑。长大以后，要独自面对整个世界。纷纷扰扰，爱恨纠葛，诸多事情让我们不得不收起天真，变得圆滑，变得世故，甚至变得麻木和冷漠。

不过，总有人出走半生，归来仍是少年，天真如初。总有人经历无数次聚散浮沉，学会了从容淡定，于是仍似少年之时，斜风细雨不须归。

人生，本就是一场修行。

我们需要修得一颗豁达之心。

如此，便能从容面对世事纷扰，笑看风轻云淡。

就像苏东坡所言：归去，也无风雨也无晴。

纵观辛弃疾一生，说得上命运多舛。人间聚散，宦海浮沉在他身上无数次上演。尽管如此，他还是拾得几分闲情，将自己安放于青山绿水之间，吟风月，对鸥鸟，一壶浊酒，几阕闲词，悠然度日。尽管，退隐江湖并非他本意，但那份乐山乐水的心情却是与生俱来的。

现在，辛弃疾才初见红尘。山河万里，烟雨一蓑，他都不懂。但是，属于他的故事已经开始。一段人生，就像一幅画，已在岁月深处徐徐展开。画里，有明有暗，有人影纷杂，有世事凌乱。他走得匆忙，但从未抛却赏景之心。

建炎二年（1128）十二月，金兵进攻东平和大名府，进而包围济南。济南知府刘豫受金人利诱，杀掉守将，投降金朝，济南沦陷。

绍兴三年（1133），金太宗完颜晟下令从东北迁徙大量金人到中原，杂居于汉人之间，担任百夫长、千夫长，以便监视和统治汉人。这些金人，视汉人为牛马，大肆欺凌，还不断掠夺和侵吞汉人的土地财产，逼迫汉人做他们的佃农，给他们打长工，中原汉人的生活可谓水深火热。

金人入侵的时候，辛弃疾的祖父辛赞因家族人口繁盛，无法携家南迁，只得滞留济南。辛家本来家境殷实，但是金人抢夺了他们的田地，辛家的生活很快就变得捉襟见肘。万般无奈，辛赞做了金朝的地方官。辛赞在金朝出仕时，北宋已灭亡十余年，但南宋朝廷尚在。以汉人的身份在金朝做官，不符合南宋主流观念，被称作"虏官"。其实，深受儒家思想熏陶的辛赞，内心是极其痛苦的。

不管怎样，辛弃疾的出生，还是让辛赞无比欢喜。辛弃疾的父亲辛文郁也是欣喜异常。辛赞为初生的孙子取名"弃疾"，希望他一生顺遂。

当然，"弃疾"即"去病"，辛赞为孙子取这个名字，是希望辛弃疾日后能成为霍去病那样的英雄。霍去病十七岁时为剽姚校尉，率领八百骑兵深入大漠。十九岁时升为骠骑将军，指挥两次河西之战，歼灭和俘虏匈奴近十万人，直取祁连山。元狩四年（前119），霍去病与卫青率军深入漠北，于漠北之战中消灭匈奴七万余人，追击匈奴军直至狼居胥山与姑衍山，并举行祭天仪式。此战使"匈奴远遁，而漠南无王庭"。辛赞虽身为金朝官员，但希望南宋朝廷能够"驱除胡虏，恢复中原"。因此，为孙子取名"弃疾"，可谓意味深长。

辛弃疾的父亲辛文郁人如其名，身体瘦弱，又多愁善感，郁郁寡欢。辛弃疾则完全不同。他幼时长得虎头虎脑，健壮结实。长大后更是目光棱棱，红颊青眼，壮健如虎。同时，辛弃疾天生聪颖，也让辛赞十分欣慰。辛弃疾三岁的时候，父亲辛文郁因病离世。从此，辛弃疾就与祖父生活在一起。在祖父的荫庇下，他渐渐长成了纯真的少年。

于少年，世界是简单而祥和的。

风即是风，雨即是雨，晴空即是晴空。

但其实，风雨里也有悠然，晴空下也有萧瑟。

只是，少年蒙昧，不懂罢了。

辛赞对辛弃疾寄予厚望，因此不仅教他识文断字，也教他舞刀弄棒。辛弃疾聪颖，无论文武，他都学得很快。从儿时的幼学启蒙开始，到后来的四书五经、诸子百家，再到后来的《史记》《汉书》等，辛弃疾都读得熟稔无比。后来，他在词中写道："算胸中、除却五车书，都无物。""平生萤雪，男儿无奈五车何。"

读书多了，见识广了，对世界的认识也便广阔和深刻了起来。同时，受祖父的熏陶，又亲见金人的残暴，辛弃疾幼小的心里已烙下了驱除金人、收复河山的志向。

绍兴十七年（1147）前后，时为亳州谯县知县的辛赞为辛弃疾觅得一位良师刘瞻。刘瞻字岩老，号樱宁居士，安徽亳州人，党怀英、辛弃疾等都曾师从于他。刘瞻作诗工于野逸，擅长于作田园诗，有《樱宁居士集》传世。辛弃疾求学于刘瞻一事，在元好问的《中州集》中有记载。

在老师的悉心教导下，辛弃疾的学业突飞猛进。除了儒家经典，其他方面的书也多有涉猎。因此，日后他填词作诗，经文典故往往信手拈来。

祖父辛赞常带着辛弃疾参观亳州三国遗迹。后来，辛赞迁任开封知府，又带辛弃疾凭吊北宋皇宫，回顾汴京昔日繁华。彼时的辛弃疾，大概不知"沧海桑田"四字的含义。不过，多年后，他忆及当日凭吊之情景，写了首《声声慢》：

开元盛日，天上栽花，月殿桂影重重。十里芬芳，一枝金粟玲珑。管弦凝碧池上，记当时、风月愁侬。翠华远，但江南草木，烟锁深宫。

只为天姿冷澹，被西风酝酿，彻骨香浓。枉学丹蕉，叶底偷染妖红。道人取次装束，是自家、香底家风。又怕是，为凄凉、长在醉中。

这首词，虽是咏木犀词，却寄寓了辛弃疾深刻的家国情怀。北宋宣和初年，曾在汴京的离宫中移栽木犀。金人侵占了汴京后，成为中原的主人。但在辛弃疾看来，无论他们怎样仿效汉族的统治方式，都改变不了他们入侵的本质。这首词借嘲笑红木犀虽改变了颜色，却仍然脱离不了本来的气息，痛斥金人的罪行。

辛弃疾将大宋的繁华景象比作唐朝的开元盛世，皇宫内桂影重重，十里芬芳。可惜，后来金人入侵，徽、钦二帝被掳，"翠华远，只剩江南草木，烟锁深宫"。词写得含蓄，读来颇有沧海桑田之感。

对于家国，辛弃疾始终一片深情。

终其一生，他都想跃马扬鞭，收拾旧山河。

可惜，报国无门，只好将这深情，付与田园山水。

绍兴二十一年（1151），辛赞迁升离开亳州，刘瞻也携家北上，到燕京参加科举考试，并且进士及第。此后刘瞻在金国为官，为史馆编修，专心编写历史，赋诗填词，不问世事。据《中州集》载，刘瞻于此年在金南榜登科。

在刘瞻处学习期间，辛弃疾结识了同窗党怀英。据《宋史·辛弃疾传》记载："少师蔡伯坚，与党怀英同学，号辛党。"党怀英比辛弃疾年长七岁，也是名门之后，其先祖党进在北宋做过太尉。辛弃疾与党怀英皆是刘瞻门生中的佼佼者，并且都志存高远。不过，后来两人分道扬镳，走了两条完全不同的路。

据《宋史·辛弃疾传》载："始筮仕，决以蓍，怀英遇'坎'，因留事金，弃疾得'离'，遂决意南归。"意思是，某日，二人卜问前程，党怀英得到"坎"卦，辛弃疾得到"离"卦。坎卦属水，意味着适合在北方谋职；离卦属火，意味着应当到南方发展。巧合的是，两人的人生也的确是这样发展的。不过，辛弃疾南下归宋，是从小的志向所定。

留金的党怀英曾一度落魄，放浪山水。乾道七年（1171），在辛弃疾南渡十年后，党怀英终于考中进士，此后可谓青云直上，不仅做了高官，官至翰林学士承旨、节度使，而且在文学、史学、书法等方面颇有建树，成为金世宗大定、金章宗明昌年间的文坛盟主。

金朝著名文学家赵秉文曾如此评价党怀英："文似欧阳公，不为尖新奇险之语；诗似陶、谢，奄有魏晋；篆籀入神，李阳冰之后，一人而已。"意思是，他的文章可比欧阳修，诗与陶渊明、谢灵运比肩，书法篆籀则与唐代李阳冰齐名。因为心性志趣不同，辛弃疾与党怀英走了两条不同的路。曾经把酒赋诗，后来各自天涯，这就是生活的真实模样。

人生，总在聚散得失之间。

曾经同行的人们，总会在某年某日各奔前程。

很多时候，我们只能独自前行。

那也应当庆幸，至少还有自己。

## 侠之大者

每个人，都是属于道路的。

从出生的那日起，我们就一直走在路上。

鲜衣怒马在路上，风云叱咤在路上，暮色残年在路上。

或许可以说，我们的一生，不过是与脚下的路进行了一场痴情的爱恋，从春天到秋日，从少年到白头，始终不离不弃。自然，我们经过道路，道路亦经过我们。漫长的人生，本就是一条蜿蜒的长路，被岁月，被风雨，无声地经过，踩出年华渐老，踩出沧海桑田。

不知不觉间，辛弃疾已是个十几岁的少年。

本是裘马轻狂的年岁，他的眼神里却分明藏着忧伤。

大概是因为，江山风月残破不堪。

在辛弃疾渐渐懂事的时候，祖父辛赞经常带着他登高，遥望万里河山。当然，祖父希望辛弃疾记住家国沦丧的耻辱，终有一日能够跃马乾坤，收复中原。辛弃疾在《美芹十论》中写道，年少时祖父常带着他"登高望远，指画山河"。

喜欢"山河岁月"四字。

山河无恙，岁月才有寄身之处；

山河若是破碎，岁月便只能零落天涯。

绍兴二十三年（1153），十四岁的辛弃疾被济南府推荐到燕京参加科举考试。据辛启泰《稼轩先生年谱》载："先生年十四领乡荐。"辛弃疾和祖父辛赞都非常珍惜这次机会。对于参加金国的科举，辛弃疾了无兴致，祖父显然也不希望他在金国考取功名。他们所高兴的是，能够借此机会深入到金人的统治中心，窥察金人的军事部署和政治局势。

绍兴二十四年（1154），辛弃疾辞别祖父，由祖父手下一位小吏陪同，前往燕京应试。他按照祖父的吩咐，仔细观察沿途山川走势，打探金人军事据点，调查金国朝政的权力斗争和内部矛盾，收获颇丰。

绍兴二十七年（1157），辛弃疾再次北上，第二次参加科举。此行仍如前次，主要目的并非科考，而是窥察金人虚实。辛弃疾在

《进美芹十论札子》中写道："大父臣赞……尝令臣两随计吏抵燕山，谛观形势。"两次前往燕京，目睹汉人在金人统治下所受的屈辱和痛苦，使辛弃疾报仇雪耻、恢复中原的愿望愈加强烈。同时，他也在无形间养成了燕赵奇士的侠义之气。或许，行走于燕赵之地，他会想起李白的那首《侠客行》：

> 赵客缦胡缨，吴钩霜雪明。银鞍照白马，飒沓如流星。
> 十步杀一人，千里不留行。事了拂衣去，深藏身与名。
> 闲过信陵饮，脱剑膝前横。将炙啖朱亥，持觞劝侯嬴。
> 三杯吐然诺，五岳倒为轻。眼花耳热后，意气素霓生。
> 救赵挥金槌，邯郸先震惊。千秋二壮士，烜赫大梁城。
> 纵死侠骨香，不惭世上英。谁能书阁下，白首太玄经。

这首古风抒发了李白对侠客的倾慕，对扶危济困、用世立功人生的向往，形象地表现了他的豪情壮志。李白年少时除了刻苦读书，也喜欢剑术。他的理想是"愿为辅弼，使寰区大定，海县清一"。他希望以自己的才学辅弼天下，使得大唐王朝河清海晏，然后功成身退。

其实，辛弃疾也有着与之相似的理想，那便是跃马疆场，收拾旧山河。简单说来，他们的理想不过是以己之力使河山完整，黎民安乐。所谓任侠，未必是"托身白刃里，浪迹红尘中"，也可以是心系家国社稷、黎民百姓，鞠躬尽瘁，死而后已。正所谓，侠之大者，为国为民。

绍兴二十九年（1159），辛弃疾的祖父辛赞不幸离世。辛弃疾在《进美芹十论札子》中写道："谋未及遂，大父臣赞下世。"悲伤之余，辛弃疾还得收拾心情，走自己那条曲折的人生路。他必须带着祖父抗金救国的遗愿，独自面对尘世的凄凄风雨。

原本，我们都要单枪匹马对抗这个世界。

或者说，我们都要以一己之力，擎起无尽的岁月。

悲苦与萧瑟，黯淡与荒凉，都只能独自承受。

那些年，金国并吞南宋的野心从未停止。南宋绍兴十九年（1149）十二月，金右丞相完颜亮发动政变，杀死金熙宗，登基称帝，自称海陵王。一个偶然的机会，完颜亮听歌女唱到了柳永所写的《望海潮》，被其中描绘的江南美景所吸引，便起了投鞭渡江之意，决定攻打南宋。

东南形胜，三吴都会，钱塘自古繁华。烟柳画桥，风帘翠幕，参差十万人家。云树绕堤沙，怒涛卷霜雪，天堑无涯。市列珠玑，户盈罗绮，竞豪奢。

重湖叠巘清嘉，有三秋桂子，十里荷花。羌管弄晴，菱歌泛夜，嬉嬉钓叟莲娃。千骑拥高牙，乘醉听箫鼓，吟赏烟霞。异日图将好景，归去凤池夸。

这首词，以大开大阖的笔法，浓墨重彩地展现了杭州繁荣、壮丽的景象。三秋桂子，十里荷花，是杭州；烟柳画桥，菱歌泛夜，是杭州。那是一幅动人的江南画卷，将江南的繁华与秀美毫无保留地呈现在人们面前。那样风情万种的江南，任谁都会动心。在完颜亮决定挥师南下的时候，南宋君臣正在江南的月光水岸浅斟低唱。

在一场叫作江南的梦里，他们已经习惯了慵懒和迷醉。

为了准备大举南侵，金人加强了对统治区汉人的压榨和掠夺，中原汉人对金人的仇恨越来越深。绍兴三十一年（1161），完颜亮悍然发动六十万大军，挥师攻宋。大军所到之处，烧杀抢掠，民不聊生。于是，多年来饱受金人压迫的汉人不断揭竿而起，抗金势头日渐迅猛。在众多抗金队伍中，以耿京为首的天平军势力最大。

耿京为济南人，农民出身，因不堪忍受金国的繁重赋税，便集结了数人，开始武装抗金。队伍很快便从几人扩展到几十人、上百人。在不断的战斗中，耿京的队伍声势越来越大，许多小股义军慕名来投。天平军一时间实力大增，队伍发展到数十万人，给金人以极大威胁。

南宋史学家徐梦莘所著《三朝北盟会编》中载："济南府民耿京，怨金人征赋之骚扰，不能聊生，乃集结李铁枪以下得六人，入东山，渐次得数十人取莱芜县、泰安军，有众百余。有蔡州贾瑞者，亦有众数十人，归京，京甚喜。瑞说京以其众分为诸军，各令招人，自此渐盛，俄有众数十万。"

在这样的背景下，身负国恨家仇的辛弃疾也不可能无动于衷。事实上，抗击金人、收复河山既是祖父辛赞的愿望，也是辛弃疾毕生的夙愿。二十二岁的辛弃疾，怀着杀敌报国的愿望，在济南附近聚集了两千余人，毅然举起了抗金大旗。不过，辛弃疾深知，以区区两千多人的队伍，必定难有作为。思来想去，他决定带着队伍投奔天平军。

耿京白丁出身，对世家出身的辛弃疾颇为赏识。不久后，耿京任命辛弃疾为天平军掌书记，负责全军的文书工作。据《宋史·辛弃疾传》载："金主亮死，中原豪杰并起。耿京聚兵山东，称天平节度使，节制山东、河北忠义军马，弃疾为掌书记，即劝京决策南向。"

辛弃疾见天平军自耿京以下皆来自底层，文化层次和决策能力都不高，便尽力为义军搜罗人才。济南附近有个义端和尚，同辛弃疾相识，也聚集了千余人的抗金队伍。辛弃疾便向耿京推荐义端，称其通晓兵法，可为天平军所用。经过辛弃疾的劝说，义端带着自己的队伍加入了天平军，被耿京任命为右军副将。

可惜义端不甘为耿京部属，很快就暴露出了野心，与耿京明争暗斗，渐渐势如水火。一天夜里，趁着辛弃疾陪同耿京外出，义端偷走了义军印信。因为义端与辛弃疾交好，耿京认定此事与辛弃疾脱不了干系，甚至下令斩杀辛弃疾。辛弃疾请耿京给他三天时间，将义端捉拿回来。

辛弃疾断定，义端之所以盗走印信，是为了去投奔金人，以此为见面礼。循着踪迹，他很快便追上了义端。义端为自己求情，辛弃疾不予理会，手起剑落，刺中了义端心口，随后取了他的首级，火速赶回天平军复命。自此之后，耿京对辛弃疾愈加倚重，军中大小事宜皆和他商议。关于义端盗取印信一事，《宋史·辛弃疾传》中载："僧义端者，喜谈兵，弃疾间与之游。及在京军中，义端亦聚众千余，说下之，使隶京。义端一夕窃印以逃，京大怒，欲杀弃疾。弃疾曰：'丐我三日期，不获，就死未晚。'揣僧必以虚实奔告金帅，急追获之。义端曰：'我识君真相，乃青兕也，力能杀人，幸勿杀我。'弃疾斩其首归报，京益壮之。"

辛弃疾是词风豪迈的词人，亦是剑气如虹的剑客。

可惜，他的词能传诵千年，他的剑却不能拯救一个孱弱的时代。

一颗侠义和慈悲的心，给了一个不值得的时代，太无奈。

他是慷慨壮烈的，亦是悲伤落寞的。

只是这悲伤，无处言说罢了。


## 十年饮冰，难凉热血

夜雨江湖，我们都需要一盏灯。

纵然照不亮远方，至少能照亮脚下的路。

这盏灯，可以是一种信念，也可以是一份痴情。

对于辛弃疾来说，驱除金人，收复河山，就是他心中不灭的灯。有这盏灯照着，他便永远充满力量，永远热血沸腾。只可惜这微弱的灯火，照不到大宋的万里河山。

当下，金军南侵的战争正在如火如荼地进行着。最初，金军一路南下，势如破竹，占领了滁州（今安徽当滁）、庐州（今安徽合肥）等地。随后，金兵进攻采石，计划在此渡江。此时，宋军主将王权被罢职，新任主将尚未到任。金人本以为可以轻松攻下采石，没想到此时冒出个虞允文。

虞允文虽是文臣，但此时毅然担负起指挥宋军作战的责任。他在长江南岸严密布防，宋军很快就恢复了战斗力。渡江战役中，宋军以一万八千兵力，击败了十五万金兵。这场战役，史称"采石之战"。

完颜亮不甘心失败，又率领金兵改道扬州，准备渡江。虞允文闻讯，又赶到镇江阻截。没想到，此时金国后院起火。完颜亮的弟弟完颜雍被皇室宗亲拥立为帝，是为金世宗。消息传到前线，金兵军心很快动摇。而此时，完颜亮还想强行渡江。他的独断专行激起了将士义愤，不久后，部下发动兵变，完颜亮被杀，金军败逃。

万里车书一混同，江南岂有别疆封。
提兵百万西湖上，立马吴山第一峰。

当年，翰林学士施宜生出使南宋归朝，将其所画的临安图献呈时，完颜亮在画屏上题下了这首《题临安山水》。透过这首诗，完颜亮侵吞南宋、饮马江南的野心昭然若揭。

世间的人们，大都希望天下太平，岁月静好。然而，总有人野心勃勃，将拓展疆域、扩大版图、侵人家园、统一天下作为自己梦寐以求的目标。对他们来说，所谓的功业是可以万代不朽的。但其实，功名富贵皆是过眼云烟，一切都敌不过岁月。

杨慎在词中说："古今多少事，都付笑谈中。"

多年以后，起落浮沉、是非成败，不过是渔樵的谈资。

可惜，很多人一生执着，至死都看不透。

完颜雍称帝后，停止南侵，还颁布法令，推行"在山者为盗贼，下山者为良民"的政策，以此来瓦解抗金队伍，加之南宋朝廷并未乘胜挥师北上，义军人心逐渐涣散，有的甚至抵不住金人的利诱，加入了金军。

为长远考虑，辛弃疾力劝耿京南下，归附南宋朝廷。耿京与义军主要将领商议后，采纳了辛弃疾的建议。不久后，耿京派自己的心腹贾瑞带着由辛弃疾拟定的章表，渡江联络南宋朝廷。贾瑞担心坏了归附的大事，便要求耿京派一位文人随同。显然，在天平军中，这个人非辛弃疾莫属。绍兴三十一年（1161）十二月，贾瑞为正使，辛弃疾为副使，带着九名随从，越过金人管制区直抵江南，谒见宋高宗。

绍兴三十二年（1162）正月十八，贾瑞、辛弃疾等人渡江面圣，宋高宗在建康府（今南京）会见了他们。彼时，建康为南宋陪都，地理位置极为重要，因此上元节刚过高宗便前来巡视了。《三朝北盟会编》中记载："乙酉，引见耿京下诸军都提领贾瑞等一十一人。"

谒见高宗时，辛弃疾等人表达了天平军归附南宋的意愿，高宗甚是喜悦。他虽然不愿北伐中原，但是有这支数十万人的队伍在北方牵制金兵，对南宋朝廷无疑是好事一桩。于是，宋高宗在表示接纳的同时，还对天平军将领赐以官职：授耿京为天平军节度使，知东平府，兼节制京东路、河北路忠义军马；授辛弃疾补右承务郎；授贾瑞补敦武郎。另外，高宗还对义军二百余人进行了封赏。

据《宋史·辛弃疾传》载："绍兴三十二年，京令弃疾奉表归宋，高宗劳师建康，召见，嘉纳之，授承务郎、天平军节度掌书记，并以节使印告召京。"承务郎职位低微，在当时只是从八品下的小官，但是辛弃疾还是十分欣慰。他孜孜以求的，便是归附朝廷，名正言顺地抗金，收复中原。

然而，朝堂上的宋高宗并没有北伐的打算。事实上，他已经习惯了偏安一隅，习惯了江南云水的温柔，也习惯了半壁江山的安逸。当年，岳飞北伐节节胜利，准备直捣黄龙，却被十二道金牌召回，最后冤死狱中。自宋室南渡以后，那是最接近收复中原的一次，却功败垂成。宋高宗一生，是绝对不会再起北伐之念的。他只想守着江南的明山净水，安度余生。

梁启超说，十年饮冰，难凉热血。

可辛弃疾空有一腔热血，却是报国无门。

于是，他只能将愤懑与悲凉，放在词里。

淳熙五年（1178），辛弃疾调任湖北转运副使，溯江西行。泊船于扬州时，与友人杨济翁、周显先诗酒唱和。忆及当年完颜亮大举南侵，一度占领扬州，后被虞允文率部在采石矶击败，作了首《水调歌头》：

> 落日塞尘起，胡骑猎清秋。汉家组练十万，列舰耸层楼。谁道投鞭飞渡，忆昔鸣髇血污，风雨佛狸愁。季子正年少，匹马黑貂裘。
>
> 今老矣，搔白首，过扬州。倦游欲去江上，手种橘千头。二客东南名胜，万卷诗书事业，尝试与君谋。莫射南山虎，直觅富民侯。

本是秋高气爽的时节，但是完颜亮率大军南侵。马蹄声乱，鼓角争鸣，整个世界一片凌乱。不过，尽管金军气势汹汹，颇有一鼓作气攻取南宋之意，但南宋抗金队伍并未因敌我力量悬殊而畏惧。相反，宋军坚守长江，军容齐整，防守严密。为家国而战，所有的将士都做好了为国捐躯的准备。

在所有南宋与金国的战争中，南宋少有胜绩。但是那场战争，却是以金军溃败而结束。完颜亮没有料到，在他率军南侵时，竟然后院起火，完颜雍趁机登基为帝。闻讯之后，将士们士气低落。然而，穷兵黩武的完颜亮还强迫金军于三日内渡江。不久后，完颜亮被部下所杀，这场战争也画上了句号。

当时，年轻的辛弃疾以为，南宋可以趁机北伐，收复中原。词中的"季子"指战国时的名士苏秦，他曾成功游说六国合纵，共同抵御秦国。辛弃疾以苏秦自比，感慨自己年轻时胸怀大志，气宇轩昂，不知不觉已是满头华发。

曾经，他就是这样，一腔热血，意气风发。

但是后来，夙愿难了，年华渐老，他只剩满心悲凉。

搔白首而长吟，其中的无奈少有人知。

今老矣。一声长叹，时光已逝去近二十载。南渡以后，辛弃疾本以为能受到重用，收复中原夙愿可了。没想到，长期遭闲置，他志不得伸，愤懑之情溢于言表。"今老矣，搔白首，过扬州"三个短句，情绪悲凉，有对人生的感叹，也有对家国社稷的担忧。

其后几句，辛弃疾讲了对于未来的安排，分两层意思。

第一层说自己，因为厌倦了波诡云谲的仕途，想要退隐田园。

第二层则是劝告好友，说他们既为名士，胸中有丘壑，应以家国大事为重，不应像他一样归隐。可惜，纵然他的好友有为朝廷效力和北伐中原的愿望，羸弱的南宋朝廷也定会让他们的愿望落空。事实上，朝廷不思进取，苟安于江南，无数有志之士都只能痛心疾首。辛弃疾一生都在渴望收复河山，最后落得满心萧瑟，愤懑可想而知。

不过，现在的辛弃疾还很年轻。

他人生之路起步未久，栉风沐雨的旅行才刚开始。

长剑与诗笔在手，他还未到感叹人生如梦的时候。

一盏灯，始终在他心里亮着。

## 壮岁旌旗拥万夫

红尘万丈，世事无声。

无论是谁，总要行路，才能看见想见的风景。

所谓的风景，可以是山水渔歌，可以是斜阳草树，也可以是最初那个纯粹的自己。

二十三岁的辛弃疾，已经在路上。起兵北方，南下谒见皇帝，被南宋朝廷赐予官职，一切都如他所愿，理所当然地发生着。于是，他有理由相信，理想与抱负的实现不会太远。就像初次飞翔的鸟不曾遇见乌云风暴，便相信身边永远是蓝天白云。

受封之后，辛弃疾等人随即离开了建康。朝廷派统制官王世隆带着朝廷节钺和任命书，与他们一道回天平军中宣封。从建康府到起义军所在的东平府有千里之遥，辛弃疾一行马不停蹄，急于向义军宣布被朝廷接纳的好消息。没想到，在抵达海州（今江苏连云港）时，他们得到了噩耗。原来，在他们离开的这段时间，起义军发生了巨变。

即位不久的金世宗完颜雍为了稳定局面，对境内汉人采取怀柔政策，减少了压迫和剥削。对于抗金义军，则以高官厚禄相诱。这些义军本就鱼龙混杂，很多人抵不住利诱，投奔了金国。

天平军将领张安国便是如此。他贪图富贵，为了向金人邀功请赏，趁辛弃疾、贾瑞等人不在义军中，便拉拢耿京部下邵进一起叛变投敌，杀害了耿京。耿京被杀之后，义军群龙无首，军心动摇，将领们有的投了金国，有的离开义军回归山野。于是，这支原本声势浩大的起义军很快便分崩离析。

听到耿京被杀的消息，辛弃疾痛心疾首。一方面，耿京对他礼遇有加；另一方面，一支强大的抗金队伍突然间灰飞烟灭。这些都让他心如刀绞。队伍已散，他无可奈何，但是耿京被杀的仇他发誓要报。

辛弃疾决定，即使再艰难，也要捉拿叛徒张安国。王世隆听到义军首领被杀，也是义愤填膺，表示愿意帮助辛弃疾。此时，张安国已被金人任命为济州（今山东济宁）知州，手底下有数万人马。济州是金国重镇，城防坚固，易守难攻。辛弃疾思前想后，决定智取。他和王世隆挑选了五十个人，立即北上。在寒冷的北风中，他们星夜兼程，于次日中午时分赶到了济州。

辛弃疾和王世隆带着五十人来到济州驻军营寨，让守门军士向张安国通报。彼时，张安国正在大摆筵席，和几位将领猜拳饮酒。投奔金国以后，他可谓志得意满，整日寻欢作乐。听到通报，他先是狐疑片刻，猜测着辛弃疾的来意。很快，他便料定，辛弃疾是在义军四散后走投无路，来此投奔他的。他怎么也料不到，辛弃疾会带着五十人深入金人领地来捉拿他。

因此，他毫无防备地接待了辛弃疾。见面时，辛弃疾假意寒暄，但没等张安国开口说话，已将长剑架在了他的脖子上。济州的士兵大都是耿京手下，对辛弃疾几无防备，不知道发生了什么事情。等他们反应过来，张安国已被辛弃疾等人绑缚在马上了。辛弃疾大声说道："朝廷大军就要杀过来了，大家不该再替金人卖命！"话音刚落，便有上万士兵响应，站到了辛弃疾的一边。当大营内的金兵醒悟过来时，辛弃疾等人已去远了。

辛弃疾、王世隆等人押着张安国星夜南归，渡过淮水和长江，抵达建康。随后，张安国又被押往杭州。最后，张安国被斩首于杭州，示众三日，以儆效尤。

关于辛弃疾的这段经历，《宋史·辛弃疾传》载："会张安国、邵进已杀京降金，弃疾还至海州，与众谋曰：'我缘主帅来归朝，不期事变，何以复命？'乃约统制王世隆及忠义人马全福等径趋金营，安国方与金将酣饮，即众中缚之以归，金将追之不及。献俘行在，斩安国于市。仍授前官，改差江阴佥判。弃疾时年二十三。"

除此之外，《朱子语类·中兴至今日人物》中载："耿京起义兵，为天平军节度使。有张安国者，亦起兵，与京为两军。辛幼安在京幕下为记室，方衔命来此，致归朝之义，则京已为安国所杀。幼安后归，挟安国马上，还朝以正典刑。"

南宋著名文学家、《容斋随笔》的作者洪迈，在为辛弃疾所作的文章《稼轩记》中写道："余谓侯本以中州隽人，抱忠仗义，章显闻于南邦。齐虏巧负国，赤手领五十骑，缚取于五万众中，如挟兔，束马衔枚，间关西奏淮，至通昼夜不粒食。壮声英概，懦士为之兴起，圣天子一见三叹息。"

辛弃疾之所以觉得智取可行，大抵是因为：一方面，张安国投敌未久，正在得意之时，警惕性必然不足；另一方面，济州的很多士兵曾是耿京部下，利于他行事和脱身。当然，辛弃疾武艺高强、身手敏捷，也是此事成功的重要因素。不管怎样，以五十人深入五万敌军之中，生擒敌帅，就像古书中所言于万军之中取上将首级如探囊取物，堪称传奇。这对辛弃疾来说，是值得回味很久的事情。

他是个文人，却又不只是个文人。

若江山需要，他可以是剑气如虹、纵横天下的英雄。

他可以吟诵风月，也可以跃马乾坤。

这就是辛弃疾，文武兼备，动静自如。其实，当时的大地上，并不缺少英雄。只是，在南宋君臣流连于江南的山光水色，将家仇国恨抛诸脑后的时候，英雄们渐渐沉默了。很不幸，辛弃疾也在这些人中间。

勇闯敌营，擒敌方主帅，这样的事迹让人激动不已，却只如昙花一现。后来的岁月，辛弃疾经历过许多宦海浮沉，却再无戎马关山的经历。这是他的悲哀，也是一个时代的悲哀。

生擒张安国这件事显示了辛弃疾的聪慧果敢和不凡的军事才能。洪迈在《稼轩记》中说"圣天子一见三叹息"，不免夸张。不过，可以确定的是，辛弃疾智擒叛徒，无论是其智谋还是决断能力，宋高宗皆是欣赏的。

不久之后，辛弃疾被任命为江阴签判。签判为州府长官助理，职位不高，但辛弃疾还是欣然上任了。南渡未久，这也算皇帝对他的恩遇。他想着，未来的某天，定能跃马关山，完成自己的夙愿。可惜，直到满头白发，夙愿仍旧未酬。

多年以后，辛弃疾还时常忆起二十三岁的时那段往事。他曾经以为，那只是戎马生涯的开始，归附朝廷后，他定能大展拳脚，却不料，那已是他英雄故事的结尾。多年后的某天，与人闲聊，谈及功业之事，辛弃疾忆起了当年之事，写了首《鹧鸪天》：

壮岁旌旗拥万夫，锦襜突骑渡江初。燕兵夜娖银胡䩮，汉箭朝飞金仆姑。

追往事，叹今吾，春风不染白髭须。却将万字平戎策，换得东家种树书。

这首词，上阕回忆年轻时在义军中与金军作战的情景，下阕写自己被主和派排斥，年岁渐老，仍然过着虚度年华的闲居生活。"却将万字平戎策，换得东家种树书"两句的意思是，不如将那长达万字的平定金人、收复中原的策略，拿去跟东边邻居换种树的书。一片苦心、满怀雄心壮志尽数白费，他无法不感叹。

二十三岁的辛弃疾，还在路上。

风雨如晦，岁月飘摇，都在前方等着他。

南归以后，辛弃疾再不曾回过济南。

江山北望，故乡已成了异乡。

## 卷二：寥落江南梦

浮生如梦，岁月匆匆。

我们应尽早出发，去见想见的人，看想看的风景。

让所有日子，都是花开的模样。


### 隆兴和议

我们都在寻找人生的意义。

或许，人生本来是没有意义的。

那个寻找意义的过程，便是人生的意义。

就好像我们不远万里去寻找风景，走了很远，蓦然间发现，山河草木、烟雨斜阳，都在路上。那个跋山涉水的过程，还有我们孜孜以求的心情，本就是风景。

人生的道路有无数条，每一条路上都有独特的风景。寄身繁华，功成名就，自有几分满足；纵情山水，放浪形骸，也不失快意和悠然。人生匆忙，重要的不是去向何处，而是在自己选定的路上，认真而坚定地前行。某年某日，回头发现，走过的道路都有看头，经过的岁月都有滋味。这便是人生的意义。

现在，年轻的辛弃疾走在一条喧嚷的路上。

风景明丽，岁月清幽。

上路之初，人间总是这般模样。

走着走着，有了阴云密布，有了雨雪飘零。

终于明白，那才是真实的人生。

绍兴三十二年（1162）春，辛弃疾被任命为江阴签判，依然是低品级小官。因为"归正人"身份，朝廷始终对他心存芥蒂。何况，此时的辛弃疾才二十三岁，必然要从底层做起，接受磨炼。

"归正人"是宋、金长期对峙局面下的产物。南宋赵昇在《朝野类要》中指出："归正，谓元系本朝州军人，因陷蕃，后来归本朝。"按照南宋朝廷的规定，归正的官员，一般也只是允许添差某官职，而不厘务差遣，即只给一个闲散的官职而无实权。因此，辛弃疾被授予江阴签判的闲散文职，极是寻常。

江阴军在南宋的两浙西路，位于长江中下游，地处偏僻，所需处理的公务很少，身为签判的辛弃疾甚是清闲。当然，这绝不是坐卧山水、把酒临风的清闲。要知道，辛弃疾是心怀天下，立志报国，决意驱除金人收复河山的。而现在，他在这样一个食之无味弃之可惜的职位上，过着百无聊赖的日子，心里的滋味可想而知。

五月，宋高宗下诏，禅位给太子赵眘。赵眘即宋孝宗。据《宋史·孝宗本纪》载："乙亥，内降御札：'皇太子可即皇帝位。朕称太上皇帝，退处德寿宫，皇后称太上皇后。'丙子，遣中使召帝入禁中，面谕之。帝又推逊不受，即趋侧殿门，欲还东宫，高宗勉谕再三，乃止。"

宋高宗在位三十六年，毫无作为。在位期间，迫于形势和民心，他任用岳飞、韩世忠等主战派将领抗击金军。同时，他重用主和派汪伯彦、王伦、秦桧等人，一味求和，处死岳飞，罢免李纲、张浚、韩世忠等主战派大臣。即使是在秦桧死后，他仍旧力主议和。

清初思想家王夫之在《宋论》中说："高宗之畏女真也，窜身而不耻，屈膝而无惭，直不可谓有生人之气矣……李纲之言，非不知信也；宗泽之忠，非不知任也；韩世忠、岳飞之功，非不知赏也。"可谓一针见血。

在南宋所有皇帝中，宋孝宗算是最有抱负的。河山破碎，黎民蒙难，他不似高宗那般漠然。他力主抗金，渴望收复中原。即位不久，他就采取了一系列措施：给岳飞平反，起用许多主战派大臣，尤其重用主战大臣张浚。

张浚字德远，世称紫岩先生，宋徽宗政和八年（1118）进士。靖康之变时，他追随赵构，后来受到重用。建炎三年（1129），苗傅、刘正彦发动政变，以清君侧之名逼迫高宗退位。张浚组织吕颐浩、韩世忠等人勤王，平定叛乱，使高宗复位。

建炎四年（1130），张浚提出经营川陕的建议，出任川陕宣抚处置使。在川陕三年，虽于富平之战中大败，但他训练新兵，任用刘子羽、赵开等人，也使江淮得以安宁。后除同平章事兼知枢密院，都督诸路军马。部署沿江、两淮诸军防御，并谋求北伐。淮西军变后引咎请辞。秦桧及其党羽当权时，谪居十余载。岳飞、韩世忠等人死后，他成了主战派中的翘楚。

张浚生平打过不少仗，有胜有负，但大规模战争基本以失败收场，可以说不堪大用。然而，彼时的南宋朝廷，主战派日渐凋零，几乎无人可用。因此，锐意进取的宋孝宗只好让张浚担任枢密使，都督江淮东西路军马，筹划北伐。

对辛弃疾来说，这无疑是个极大的好消息。不管张浚军事才能如何，至少他的目标和辛弃疾是一致的。隆兴元年（1163）初，辛弃疾前去拜见了张浚，并向他提出了自己的抗金主张。

据《朱子语类·论兵》篇记载，辛弃疾去拜见张浚，提出了分兵杀虏的计策。他说，金兵调动缓慢，可以利用这个弱点，在关陕、西京、淮北和海上四路佯攻，逼迫金国调动淮河防线的金兵去应付，此时可去攻打金人淮河防线，继而进军山东，和当地抗金义军互相呼应。如此，金兵的势力就会被分成两截，有利于宋军进军中原，甚至去攻打金国的首都燕京。然而，张浚并未采纳辛弃疾的策略。他计划集中南宋军队在江淮所有的优势兵力，渡河直接与金兵正面交战。

四月，为防止主和派阻挠，宋孝宗绕过中书、尚书和门下三省以及枢密院，直接向张浚下诏令，开始北伐，史称"隆兴北伐"。

这年夏天，张浚任用李显忠和邵宏渊为正副元帅，渡过淮河开始北伐。最初，北伐进展顺利，连续攻取了灵璧、虹县和宿州。然而不久之后，李显忠和邵宏渊因争功而不和，不仅不协作，还互相拆台。此时，金军开始疯狂反扑，十万主力攻向宿州。李显忠苦苦支撑，邵宏渊近在咫尺却袖手旁观。最终，李显忠弃城而去，金军占领宿州，乘胜追击宋军至符离。宋军军心涣散，十几万大军死伤无数。这场失败史称"符离兵败"。

此战宋军遭到了重创，南宋朝廷只好与金国议和。隆兴二年（1164）年底，宋、金签订了协议，是为《隆兴和议》。和议提出：宋朝皇帝向大金称侄，每年交纳岁币银二十万两，绢二十万匹；割让海州、泗州、唐州、邓州及商洛等地给金国；双方边界东起淮河，西到大散关。此次和议后，宋金休战长达四十年。

在此期间，南宋朝廷始终对金俯首称臣。

辛弃疾收拾旧山河的夙愿，被漫长岁月碾成了齑粉。

幸好，他的手中还有笔，还有江山风月。

初到江南那个冬天，辛弃疾写了首《汉宫春·立春》：

春已归来，看美人头上，袅袅春幡。无端风雨，未肯收尽余寒。年时燕子，料今宵梦到西园。浑未办、黄柑荐酒，更传青韭堆盘。

却笑东风从此，便薰梅染柳，更没些闲。闲时又来镜里，转变朱颜。清愁不断，问何人会解连环？生怕见花开花落，朝来塞雁先还。

在这首词里，虽身在春日，辛弃疾却在些许喜悦中生出了无边的愁绪。只因他和许多来自北方的人们，还有那个偏安一隅的朝廷，都无法回归故里。于是，本该是斜风细雨的日子，他能感到的，却是春寒了。作者可以为无法回归北方故地的燕子想象出一个西园，但他自己却只能随着那个屡弱的朝廷在南方苟且偷安。因此，眼中的春天便少了几分清朗，多了几分晦暗。

词的下阕，作者走入了春天。春江水暖，草长莺飞，这是真实的春天。无论人间聚散几何，自然总是那样，悄无声息地春去秋来，变换不休。然而，花明柳暗的春天，看着渐渐老去的自己，作者忍不住感叹人生苦短。曾经以为，与岁月同行共老。后来才知道，岁月永远年轻，老去的只有人们自己。这里，有对生命短暂的感慨，也有对壮志难酬的哀叹。

李煜在词中写道："林花谢了春红，太匆匆。"花谢花开，云卷云舒，是世间常事。但一想到人生亦是如此，我们总会感伤。当然，辛弃疾的心中，有人生浮沉聚散的无奈，也有对南宋朝廷不思进取，令无数英雄心寒的怨气。这样的怨气，许多血性尚存的人们都有，而南宋统治者始终拾不起勇气。即使是即位之初雄心万丈的宋孝宗，在符离兵败后也渐渐丧失了进取心，开始得过且过。

苟且偏安，是那个时代的主题。

英雄侠士无用武之地，只能仰天长叹。

一个王朝的骨头，浸泡在江南的云水里，越来越软。

烟雨楼台之间，岁月有气无力。

## 万字平戎策，换得种树书

人生，终究是得意时少，失意时多。

宋人方岳在诗中写道：不如意事常八九，可与人言无二三。

辛弃疾也曾感叹：叹人生，不如意事，十常八九。

纵观辛弃疾一生，几无得意之时。因为"归正人"的身份，在南宋朝廷始终不受重用。而他的抱负，在那个被偏安思想笼罩的时代里，也注定被淹没。不过，许多年里，辛弃疾从未放弃希望。尤其是年轻的时候，他那颗报国之心跳动得极其强烈。

符离兵败后，主战派大都被贬，主和派大行其道，甚至出现了"抗战必亡"的消极论调。在这种背景下，辛弃疾依然坚持着自己收复河山的思想，希冀着朝廷北上抗金。那团火始终燃烧着，直到老去，白发苍苍，仍旧不曾熄灭。只是，这火只是在他心间燃烧着，烧不到辽阔的北方。

宋孝宗隆兴二年（1164）秋，辛弃疾江阴签判任期已满，改任广德军通判。通判地位在知府之下，掌管粮运、家田、水利和诉讼等事项，对州府的长官有监察的责任。对于才学过人又志向高远的辛弃疾来说，这个职位仍只是聊胜于无而已。

那几年，身处低位，闲暇甚多，辛弃疾一直在思索着抗金之策。符离兵败后，他仔细分析过这场战争，认为之所以溃败，原因在于：缺乏对敌人的了解，缺乏对形势的判断，缺乏对全局的观察，缺乏对战机的把握。

到广德军赴任以后，辛弃疾梳理了多年来对恢复大业的分析和思考，并将其诉诸文字，取名为《御戎十论》，即后来著名的《美芹十论》。"芹"即芹菜，先秦时便有种植，常用于祭祀和盛大庆典。《吕氏春秋·本味》中写道："菜之美者，有云梦之芹。"后来，臣子向君王建言献策，称为"献芹"。唐代高适在《自淇涉黄河途中作十三诗》中写道："尚有献芹心，无因见明主。"

乾道元年（1165），辛弃疾将一万七千多字的《美芹十论》进献给宋孝宗。《美芹十论》是辛弃疾对完颜亮南侵以及张浚北伐这两次重大战役的总结，全面阐述了他对于当时宋、金形势的见解，具体而深刻地分析了双方的优劣之处，系统地提出了抗金策略，表达了他收复河山的雄心壮志。

辛弃疾的《美芹十论》共有十篇，分别为：审势、察情、观衅、自治、守淮、屯田、致勇、防微、久任、详战。万余字的"平戎之策"里，蕴含着辛弃疾的政治和军事思想，也凝聚着他对于江山社稷的深情。

在前三篇中，辛弃疾论证了金国外强中干的情况，认为它并非看上去那般强大，还有"离合之衅"可乘。因为金人控制区域虽广，但统治地区民族矛盾尖锐，所以地广财丰不仅对其作战实力毫无裨益，反而因矛盾之加剧而更削弱其军事力量。金军看起来兵多将广，但是很多都是从中原征发而来，他们身负国恨家仇，一旦战事发生，很可能会倒戈相向。而且，在金国的统治区，金人对宋辽旧民多有压迫和欺凌。被压迫者对金统治者积怨颇深，对金国来说，这可以算作辖境内的问题。

后七篇中，辛弃疾就南宋应如何增强其实力，如何做好战争准备，如何抓住时机完成恢复大业提出了自己的意见，并做了具体的规划。首先，他认为必须消除一种谬见："南北有定势，吴楚之脆弱不足以争衡于中原。"先建立信心，然后才有可能驱除金人，恢复中原。

此前，立足江南而完成统一大业的例子几乎没有。但辛弃疾认为，强弱的关键，不在南北，而在于国力盛衰。所以，应当卧薪尝胆，强盛国力。

其次，他主张将从北方归来的军民安置在两淮，给予财物等资助，分为保伍，加以训练，无事时是力田的农人，有事时便是抗敌的将士。如此，两淮的经济和军事实力都可以增强。另外，他建议将文臣派到军队做参谋，使文臣武将互相学习，相互促进和制衡。在"防微"篇中，辛弃疾指出，人才是战争胜负的关键因素，因此要笼络四方人才。

最后，也是最重要的，就战争主动与被动方面，辛弃疾主张主动出击，在敌人控制的土地上作战。但他同时指出，主动进攻也要避免盲目"浪战"，他更具体地指出，出兵攻金应先从"其形易，其势重"的山东入手。他认为，山东民风劲勇，金国在山东的军事布置相对简略，而其地又距离燕京甚近。出兵山东，山东民众必然会纷起抗金，如是则山东指日可下，山东既被攻下，河朔也必唾手可得，进攻燕京也便有了可能。

在《美芹十论》中，辛弃疾系统地阐述了自己对于抗金救国、收复失地、统一中原的看法以及朝廷应采取的措施，他从政治、经济、军事、民心向背等方面进行了周密而完备的论述。他希望，南宋朝廷莫偏安于江南一隅之地，而要立志收复中原。

南宋的主战派在抗金的立场上与辛弃疾是一致的，但在具体策略上意见多有分歧。虞允文、张浚、陆游等人都强调关、陕的重要性，认为得到关、陕，就能东出函谷，剑指中原；赵鼎和陈亮等人则认为，荆、襄之地最为重要。在《美芹十论》中，辛弃疾主张经营两淮，窥视山东，这是他抗金主张的核心。

南宋以来，针对金国的系统军事理论著作极少。万余字的《美芹十论》将军事理论与实际形势相结合，提出了一系列颇具视野的策略，可谓见解独到，字字珠玑。《美芹十论》是一本奏书，也是一部极佳的军事论著，有很高的研究价值。

在《美芹十论》写完后，辛弃疾还写了一篇进书的札子，名为《进美芹十论札子》。其中，辛弃疾追述自己的家世，恳言其南归的初衷和恢复河山的夙愿，并坦陈了他对符离之败后朝廷主和趋向的担忧，也表明了他对于收复中原的信念。

他愿意为了江山社稷鞠躬尽瘁。

他愿意为了重整山河倾尽所有。

只是，山河寂静，不曾有回响。

后来，辛弃疾又写了《九议》。《九议》由九篇短论组成，主要内容与《美芹十论》基本一致。大体来说，前三篇论述抗金北伐的战略任务，中间三篇论述抗金北伐的战术运用，后三篇论述保障抗金北伐的根本措施。文章思虑周详，对现实形势的分析极为清晰，有很强的指导依据。在《九议》中，辛弃疾指出，抗金是朝廷的根本大计，不可能一蹴而就，要首先富国强兵，做好长期作战的思想准备。同时他认为，抗金北伐不仅要有正确的战略决策，还要采取灵活多变的战术。

辛弃疾的《九议》，仍是关于恢复大业高屋建瓴的见解，尽显他的一腔热血。他将这篇论著献给了著名的主战派、时为丞相的虞允文。然而，无论是《美芹十论》还是《九议》，最终的结局都是被束之高阁。"隆兴和议"后，抗金的声音渐渐沉默。辛弃疾于此时提出抗金策略，在很多人看来是不合时宜的。

倾注心血写成的抗金大略被朝廷君臣熟视无睹，辛弃疾十分苦闷。可也没有办法，他只是个职位低微的闲散官员。事实上，在南宋一百多年的历史中，以收复江山为毕生心愿的人们基本都是在苦闷中度过一生的。

郭沫若曾为辛弃疾纪念祠写过一副对联："铁板铜琶，继东坡高唱大江东去；美芹悲黍，冀南宋莫随鸿雁南飞。"八百年后，还有人为了那壮志难酬的词人悲伤，词人该觉得欣慰。

辛弃疾那颗北伐中原的心始终跳动着，就像岳飞，就像陆游。岳飞说，"待从头、收拾旧山河，朝天阙"。陆游说，"王师北定中原日，家祭无忘告乃翁"。但他们的愿望都落空了。就像野火落在水里，注定会熄灭。

辛弃疾的人生，是在失望中度过的。

读他的词，总觉得豪迈中藏着几许苦涩和悲凉。

显然，那就是他的人生况味。

## 他年要补天西北

人们说，人生如棋。

既然如此，那便是落子无悔，每一步都算数。

然而，在岁月的棋局中，纵然我们费尽心思，也毫无胜算。

无论是谁，人生总少不了曲折和败落，失望与彷徨。我们以为，谨慎落子，便能立于不败之地。然而，真实的情况是，走着走着，我们已走入了迷局，举步维艰。终于明白，在岁月的棋盘上，我们并非落子之人，而只是棋子。

现在，辛弃疾还在广德军通判任上。洋洋万余字的平戎之策未得到认可，他颇感失落。尽管如此，日子还要继续。幸好，手中有笔，楼前有月。饮几杯酒，填几阕词，生活也算有个着落。暮春时节，辛弃疾写了首《满江红·暮春》：

家住江南，又过了、清明寒食。花径里、一番风雨，一番狼藉。红粉暗随流水去，园林渐觉清阴密。算年年、落尽刺桐花，寒无力。

庭院静，空相忆。无处说，闲愁极。怕流莺乳燕，得知消息。尺素始今何处也，彩云依旧无踪迹。谩教人、羞去上层楼，平芜碧。

辛弃疾的词，素以豪放闻名，却也不乏婉约含蓄之作。其实，豪放与婉约都是相对而言，文弱之人也有怒发冲冠的时候，力拔山兮的男儿也有绕指温柔。人们说，柳永的词，宜十七八女郎，手执红牙板，浅吟低唱"杨柳岸，晓风残月"；而苏轼的词，须关东大汉，抱铜琶铁板，高唱"大江东去"。但其实，柳永也偶作豪放之词，苏轼也是婉约词颇多。

苏轼有首《水龙吟》，其中写道："不恨此花飞尽，恨西园、落红难缀。晓来雨过，遗踪何在？一池萍碎。春色三分：二分尘土，一分流水。细看来，不是杨花，点点是离人泪。"柳永则在《双生子》中写道："想当年、空运筹决战，图王取霸无休。江山如画，云涛烟浪，翻输范蠡扁舟。验前经旧史，嗟漫哉、当日风流。斜阳暮草茫茫，尽成万古遗愁。"

辛弃疾这首《满江红·暮春》，抒写伤春恨别的愁绪，可谓婉约缠绵。擅长于写豪壮之词的辛弃疾，能以似水柔情写女子的相思怨别，足见其大家风范。

这首词，上阕重在写景，下阕重在抒情。此词不落俗套，婉约但不绵软，细腻但不平板。

词的上阕写女子眼中的暮春景象。这样写，为下阕抒情做好了铺垫，而且暗含着红颜难久年华虚度的悲愁。暮春时节，风雨之后，满地残红，让人感伤。其实，年华亦如陌上花开。随着岁月的流逝，总会默然凋落。看着水流花谢，落红满径，心情无法拾掇，只能暗自嗟叹。

王夫之在《古诗选评》中指出，这首词上阕看似写景，实则是"语有全不及情而情自无限者"。风雨送春，残红满地，一系列萧索的物景之中，隐约可见辛弃疾愿望落空的无奈。

词的下阕，由物景的萧索，延伸到内心的愁苦。庭院幽静，却是空相忆，愁思满腹，却是无处诉说。尺素，指书信。出自古乐府《饮马长城窟行》："客从远方来，遗我双鲤鱼。呼儿烹鲤鱼，中有尺素书。"彩云，又作"绿云"，指想念的人。"尺素"二句，意思是，如今书信也不知在何处，想念的人也不见踪迹。

这首词，细细品味，将其与作者的处境相联系，能感觉到词中隐含的郁郁不得志的无奈和悲愤。南渡数年，始终官职低微，万言平戎之策被束之高阁，辛弃疾必然颇感愁苦。可是，他的愁苦无法对人说起，只能蕴藉笔意，写在词里。

日子，一如往常。

风雨过后，满地的落花让他悲从中来，却也只能叹一声，流水落花春去也，天上人间。

乾道四年（1168），辛弃疾被朝廷任命为建康府（今江苏南京）通判。据《宋史·辛弃疾传》记载："乾道四年，通判建康府。"

在南宋，建康是仅次于临安的大都会，也是长江下游的重要战略据点。在这座城市里，不仅设有行宫留守，还设有军马钱粮总领所。辛弃疾为建康通判时，建康的行宫留守是史致道，军马钱粮总管是叶衡。他们在当时都是很显赫的人物。

除了以上两人，辛弃疾还在建康府结识了赵彦端、韩元吉、严子文、丘崈等人。辛弃疾的工作依旧甚是清闲，他有大把时间赏景填词。有时候，他也会参加当地官员的宴会，与一众文人雅士把酒酬唱。觥筹交错之时，他们也会说起家国之事，说起收复河山。史致道是主战派，曾在诗里写道："从此但夸佳丽地，不知西北有神州。"辛弃疾对他颇为欣赏，在某次筵席上，他填了首《满江红》赠给史致道：

> 鹏翼垂空，笑人世，苍然无物。又还向、九重深处，玉阶山立。袖里珍奇光五色，他年要补天西北。且归来，谈笑护长江，波澄碧。
>
> 佳丽地，文章伯。金缕唱，红牙拍。看尊前飞下，日边消息。料想宝香黄阁梦，依然画舫青溪笛。待如今、端的约钟山，长相识。

这首词，虽是席间应和之作，却不同于寻常应酬词，有着明显的主旨。词写得豪迈而深沉，辛弃疾以饱酣的笔墨向史致道表达了赞颂之情，并通过这一情感的表达，展露了自己力主抗金复土的政治怀抱。

词的上阕，辛弃疾以奇情异想的笔调，盛赞史致道的才干和志向，也点明了被任命为行宫留守和江防前线军事长官的史致道在天子心目中的重要地位。运用大鹏的形象作比拟之后，他又运用女娲补天的神话，赋予史致道以补天之神的奇特形象。

当然，辛弃疾希望修补的，是西北半边天，是辽阔的中原大地。收复河山是他的毕生心愿，因此他希望主战派能够得到重用。所有的奇情壮采，都因为这样的抱负而变得沉甸甸的，富有很深的思想意义。

盛筵散场，只剩沉寂。

就像繁华过后，总是萧瑟。

金陵城里，辛弃疾遥望北国，满心悲凉。

冷月无声，照着过去，也照着未来。

## 琴瑟在御，岁月静好

生活二字，极简单也极深奥。

酸甜苦辣是生活，离合悲欢是生活。

风吹雨打是生活，生离死别亦是生活。

尽管仕途失意，壮志难酬，辛弃疾的生活还算平稳。可以对月临风，浅斟低唱；可以坐卧云水，仰天长啸。虽然他的词中常含悲愤之情，但总的来说，他的人生是无奈中有飘洒，萧瑟中有悠然。

据江西抚州临川《菱湖辛氏族谱》所载，辛弃疾十七岁时，在祖父辛赞的主持下迎娶了江阴的赵氏为妻。赵氏温柔端庄，无论辛弃疾前往燕京，还是起义抗金，抑或是决定南渡归宋，她都在他身后默默地支持着他。南渡时，赵氏随辛弃疾来到了江南。对她来说，算是回归故里。可惜，没过多久，她就不幸离世了。

据《菱湖辛氏族谱》载，赵氏去世后，辛弃疾续弦范邦彦之女。范邦彦，字子美，邢州唐山（今河北邢台）人，是宋徽宗宣和年间的太学生。靖康之难时，邢州被金兵攻占，范邦彦的家乡沦陷于金朝统治之下。后来范邦彦在金国考中了进士，任蔡州新息县令。绍兴三十二年（1162）宋金交战，范邦彦打开城门迎接王师，并携全家南渡，其后安家于京口。辛弃疾与之几乎同时归宋，并且南渡后也居住在京口，因此，两家来往密切。

辛弃疾以抗金、收复故土为毕生夙愿。其实，范邦彦也是坚定的主战派。对于辛弃疾的旷世才华和豪迈气质，范邦彦甚是欣赏。于是，在辛弃疾结发妻子赵氏去世后，范邦彦将女儿嫁与辛弃疾为继室。大约在续弦前后，辛弃疾将其字改为"幼安"，取代了从前的"坦夫"。从此，朋友和同僚便以"幼安"来称呼他。

在河北邢州，范家是大户，其家族居住在范仲村，方圆十余里。范邦彦的妻子是宋室宗亲，出身高贵。辛弃疾的续弦妻子范氏，温柔恬静，知书达理，与辛弃疾可谓佳人才子，羡煞旁人。范氏与辛弃疾一起度过多年，风雨相携，不离不弃。

开始时，是一场热闹；后来，是十年如一日平淡如水的日子。多年后，许多事都已被遗忘，只记得一路走来，那个人始终在身边。我想，最美的婚姻不过如此。

一场相聚，百年无悔。

黎明黄昏是你，富贵清贫是你。

湖山诗酒是你，烟火风月是你。

青丝白发，都是你。

对于辛弃疾来说，范氏是贤内助，亦是他心灵的栖息之地。他欢喜的时候，她陪他共坐斜阳；他悲伤的时候，她伴他把酒花下。他的人生并不顺遂，但是有这女子在身边，有了琴瑟在御，便也有了岁月静好。范氏之贤惠，从几件小事中可见端倪。

据《钱塘遗事》载，南宋名臣赵方登第之初，曾拜访辛弃疾，两人甚是投契，相谈甚欢。赵方学识过人，而且也有抗金救国之愿，辛弃疾对他十分赏识。赵方贫寒，辛弃疾想接济他却找不到合适之物。范氏便将一些绢拿出来，让辛弃疾赠给赵方作为路费。

辛弃疾嗜酒如命，范氏多次规劝无果。这天，辛弃疾再次外出饮酒。晚间，大醉而归的辛弃疾看到窗户上写了很多关于戒酒的劝诫之语。他知道，这是妻子的一番苦心，于是写了首词向妻子表达歉意，题为《定风波》。他在题记中写道："大醉归自葛园，家人有痛饮诫，故书于壁。"

词写得颇有意趣。

昨夜山公倒载归。儿童应笑醉如泥。试与扶头浑未醒。休问，梦魂犹在葛家溪。

欲觅醉乡今古路，知处。温柔东畔白云西。起向绿窗高处看，题遍。刘伶元自有贤妻。

由此可见，辛弃疾与妻子寻常日子中不失情趣。

诸葛溪亭是辛弃疾与朋友们经常临风把酒的地方。词中的"山公"，即晋代的山简，为"竹林七贤"之一山涛之子。山简性格温润典雅，与嵇绍、刘漠、杨淮齐名。《世说新语》记载，山简都督荆州时，天下大乱，盗贼四起，以致人心惶惶。而山简却视若等闲，常往当地一大户人家的池边设宴，大醉而归。他给那个池子取名"高阳池"。

关于山简，当时有首儿歌："山公时一醉，径造高阳池。日暮倒载归，酩酊无所知。复能乘骏马，倒著白接篱。举手问葛强，何如并州儿？"李白也有《襄阳歌》一诗："襄阳小儿齐拍手，拦街争唱《白铜鞮》。旁人借问笑何事，笑杀山公醉似泥。"

辛弃疾用山简的典故，描述自己醉酒的情形。

下阕中，醉乡与今古路意思相近，南宋张炎在《青玉案》中写道："壶内藏今古"。说明古往今来，嗜酒之人甚多。关于温柔乡，《飞燕外传》里记载，汉成帝宠幸赵飞燕、赵合德姐妹，称她们为温柔乡，说："吾老是乡矣，不能效武皇帝求白云乡也。"辛弃疾称自己的家为温柔乡，可见他与妻子情深意笃。

辛弃疾醉酒而归，仰头看见妻子写于窗上的戒酒之语，愧意油然而生，然后，他想起了同样嗜酒的刘伶。据《世说新语》载，刘伶因嗜酒而患酒病，一天他酒瘾又犯，向妻子要酒。妻子将酒倒掉，又将酒缸砸碎，哭着规劝道："你饮酒太多，非养生之道，一定要戒掉！"辛弃疾将范氏比作刘伶之妻，感谢她规劝自己戒酒。虽是生活琐事，但从范氏将规劝之语写在窗上，而辛弃疾填词以记录愧疚和感激之情，足见二人生活之意趣。

日子，原本平淡无奇。

但总有人，莳花种草，吟风弄月。

只有如此，平淡的日子才有兴味，才不会苍白。

那年，范氏生辰，辛弃疾作词《浣溪沙·寿内子》以赠：

寿酒同斟喜有余，朱颜却对白髭须。两人百岁恰乘除。

婚嫁剩添儿女拜，平安频拆外家书。年年堂上寿星图。

辛弃疾与范氏同岁。五十岁时，为妻子作词贺寿，算得上浪漫。彼时，辛弃疾已是须发苍白，范氏却是风韵犹存，朱颜未老。据《菱湖辛氏族谱》载，辛弃疾共有九子二女。这些孩子渐渐长大，各自娶嫁，隔段时间就有喜事临门，因此辛弃疾说"婚嫁剩添儿女拜"。

寻常的生活，就在这生儿育女的过程中，成了一首静默的诗。偶尔，翻看亲友书信，也是乐事一桩。日子如此，称得上幸福。剩下的，便是希望岁月长情，让他们携手尘世的日子，能够久一些。

无疑，这是令人艳羡的爱情。毕竟，很多爱情，走着走着就散了。就此来说，辛弃疾与妻子范氏，是幸福的。在范氏离世前，他们始终在一起，风雨同舟。

最美的爱情，不过如此。

不是轰轰烈烈，不是悱恻缠绵。

而是相濡以沫，细水长流。

从青丝，到白发。


## 要挽银河仙浪，西北洗胡沙

活在人间，便是对垒岁月。

往往是我们雕琢岁月，亦被岁月雕琢。

我们雕琢岁月，于是有了围炉夜话，诗酒趁年华。

我们被岁月雕琢，于是有了悲伤落寞，沧海桑田。

此刻，辛弃疾还在建康通判任上，日子静默无声，有诗笔在手，也不算太无聊。不过，一场突如其来的疝疾，让辛弃疾痛苦了多日。那些日子，辛弃疾腹部剧痛，且坠胀难忍。后来，一位道人给了他一个偏方，据此偏方用药，不久就痊愈了。病愈之后，他仍是那个饮酒填词的辛弃疾。

对辛弃疾来说，流连诗酒虽然意趣无穷，却终究不如收复河山重要。他南渡归宋，隆兴北伐时向张浚献策，符离兵败后又上疏《美芹十论》，其后又向虞允文进书《九议》，无非是为了寻觅时机，实现统一中原的夙愿。人微言轻的辛弃疾，深知若想得到重用，必须有人举荐。

当时，驻建康的江南东路计度转运副使赵彦端为皇室宗亲，颇有名望，辛弃疾想得到他的举荐。赵彦端号介庵，善于作词，曾赋西湖谒金门词，有"波底夕阳红湿"之句。宋高宗曾高兴地说："我家里人也会作此。"在赵彦端生辰，辛弃疾应邀参加寿筵，写了首《水调歌头·寿赵漕介庵》祝寿：

千里渥洼种，名动帝王家。金銮当日奏草，落笔万龙蛇。带得无边春下，等待江山都老，教看鬓方鸦。莫管钱流地，且拟醉黄花。

唤双成，歌弄玉，舞绿华。一觞为饮千岁，江海吸流霞。闻道清都帝所，要挽银河仙浪，西北洗胡沙。回首日边去，云里认飞车。

这首词的上阕对赵彦端颇多赞誉，称他文采非凡，极富管理才能。因为辛弃疾一心希望得到举荐而受朝廷重用，从而实现心中夙愿，因此词中不乏恭维之词。

上阕末尾，辛弃疾将赵彦端比作唐代官员刘晏。刘晏善于理财，《新唐书·刘晏传》载："诸道巡院，皆募驶足，置驿相望。四方货殖低昂及它利害，虽甚远，不数日即知。是能权万货轻重，使天下无甚贵贱而物常平，自言如见钱流地上。"

辛弃疾盛赞赵彦端如刘晏那样善于管理，政绩突出。不过，写到这里，他又说，酒宴之上，只应狂歌痛饮，莫管那些俗事。正如李白在《将进酒》中所写："人生得意须尽欢，莫使金樽空对月。"

或许，千秋功业不如一杯酒。但在辛弃疾心中，北伐中原、收复河山是最重要、最值得为之付出一切的。因此，词的下阕，在写觥筹交错、歌舞升平的时候，突然笔锋一转，写到了江山社稷之事。"闻道清都帝所，要挽银河仙浪，西北洗胡沙。"

杜甫有"安得壮士挽天河，净洗甲兵长不用"之句，李白也有"但用东山谢安石，为君谈笑净胡沙"之句。到这里，辛弃疾终于说出了自己的心愿。他希望朝廷能有所作为，也希望自己能受到重用，跃马关山，荡尽外敌。

辛弃疾采用隐喻手法，将希望朝廷早日决策北伐，以及希望自己被推荐从而受重用的心情置于词中，与很多陈词滥调的祝寿词相比，这首词有其特点。扫尽金兵，洗雪国耻，恢复中原，这是辛弃疾的心愿。可他地位低微，纵有补天之愿，也难有济世之机。他只能寄希望于赵彦端这样的高官来推荐他，使他有出头之日。

他说："要挽银河仙浪，西北洗胡沙。"

分明便是：壮志饥餐胡虏肉，笑谈渴饮匈奴血。

同样的壮怀激烈，同样的仰天长啸。

韩世忠在《满江红》一词中写道："龙虎啸，风云泣。千古恨，凭谁说。对山河耿耿，泪沾襟血。"面对山河破碎，辛弃疾的心情与韩世忠一般无二，可他们都只能看着一段岁月在江南水月间渐渐沉沦。辛弃疾说，男儿到死心如铁。可是，那又能怎样？

后来，史致道被调回朝廷任户部侍郎。离开建康前，辛弃疾与他登临赏心亭，赏景怀古。把盏谈笑之间，抚今追昔，感慨丛生，辛弃疾写了首《念奴娇·登建康赏心亭，呈史留守致道》，借饯别之机，抒发了心中的感慨：

我来吊古，上危楼、赢得闲愁千斛。虎踞龙蟠何处是？只有兴亡满目。柳外斜阳，水边归鸟，陇上吹乔木。片帆西去，一声谁喷霜竹。

却忆安石风流，东山岁晚，泪落哀筝曲。儿辈功名都付与，长日惟消棋局。宝镜难寻，碧云将暮，谁劝杯中绿？江头风怒，朝来波浪翻屋。

赏心亭建于宋真宗年间，位于建康城西秦淮河畔。赏心亭名为亭，实则是一座三层的楼阁，旧时曾为"金陵第一胜概"。据南宋《景定建康志》云，赏心亭"下临秦淮，尽观览之胜"。登临赏心亭，秦淮河畔的繁华景象一览无余。许多文人雅士都登临览胜，赋诗填词。历代诗人词家吟咏者不计其数。至元末明初此亭遗迹荡然无存，令人惋惜。

苏轼在《渔家傲》中写道："千古龙蟠并虎踞，从公一吊兴亡处。渺渺斜风吹细雨。芳草渡，江南父老留公住。"陆游在《登赏心亭》中写道："黯黯江云瓜步雨，萧萧木叶石城秋。孤臣老抱忧时意，欲请迁都涕已流。"

辛弃疾这首《念奴娇》，分以下几个方面下笔：建康的地理形势、眼前的败落景象，并用东晋名相谢安的遭遇自喻，表达词人缺乏知音同志之士的苦闷，最后用长江风浪险恶，暗指南宋的危局。

伫立赏心亭，满目萧瑟。

夕阳向晚，倦鸟归林，落木萧萧，孤舟西去，残笛断肠。

岁月的伤痕，就隐藏在这萧瑟的画面里。

历史总是惊人的相似。辛弃疾想起了六百多年前，晋室南渡，建立东晋，偏安于江南。前秦苻坚挥师南下，投鞭断流，而金国完颜亮亦曾挥师南侵，试图饮马江南。

然后，辛弃疾想起了谢安。谢安，字安石，曾长期隐居于会稽（今浙江绍兴），与王羲之等文人游山玩水，吟风弄月。淝水之战中，谢安指挥若定，击溃苻坚大军。据《世说新语》载，战争开始时，谢安派侄子谢玄到前线领军作战，自己则在东山与友人下棋。友人不安，他却淡定地说："小儿辈已经破敌。"

然而，风流洒脱的谢安，晚年时受到了皇帝的猜忌和疏远，只能下棋度日。据《晋书·桓伊传》载，孝武帝曾召善乐者桓伊饮宴，适谢安侍坐。桓伊抚筝而歌，歌曰："为君既不易，为臣良独难，忠信事不显，乃有见疑患……"谢安闻歌触动心事，不觉潸然泪下，语桓伊云："使君于此不凡。"孝武闻语亦面有愧色。但谢安后来终被罢相。

辛弃疾写谢安被疏远、桓伊为之向晋孝武帝弹筝的历史，实是借古人之酒杯，浇自己之块垒，曲折隐晦地表达未见重用志不得伸的无奈。

唐人李浚《松窗杂录》中记载，有渔人于秦淮河得一古铜镜，能照人肺腑。后来宝镜不慎落入水中，遍寻不得。辛弃疾在此词中说宝镜难寻，暗喻壮志忠心不为人知、知音难觅的苦闷。

末两句，写词人眺望江面，看到狂风怒号，便预感到风势将会愈来愈大，可能明日长江卷起的巨浪，会把岸上的房屋掀翻。显然，这里所写，既是眼前所见，亦有心中所想。偏安一隅的南宋朝廷，可谓危如累卵，他无法不忧虑。

山河破碎，有人日日悬心，却也有人沉迷江南烟水，乐不思蜀。

热闹的江南，岁月不声不响。


## 众里寻他千百度

爱这人间，因我们住在这里。

既要爱它的花开陌上，也要爱它的秋月无言。

既要爱它的斜风细雨，也要爱它的霜冷长河。

马尔克斯在《百年孤独》里这样写道："我们趋行在人生这个亘古的旅途，在坎坷中奔跑，在挫折里涅槃，忧愁缠满全身，痛苦飘洒一地。我们累，却无从止歇；我们苦，却无法回避。"世界之中，你我皆是行客。风雨激流，悲伤寥落，也不妨视之为风景。如此，方能走出气象，走出淡定从容。

乾道六年（1170），宋孝宗在延和殿召见了辛弃疾。据《宋史·辛弃疾传》载："六年，孝宗召对延和殿。时虞允文当国，帝锐意恢复，弃疾因论南北形势及三国、晋、汉人才，持论劲直，不为迎合。"

辛弃疾的《美芹十论》，使其在政治、经济、军事诸方面的远见卓识显露无遗，宋孝宗对他十分欣赏，加上史致道回到朝廷后，又大力举荐辛弃疾，因此孝宗决定召见他。自绍兴三十二年（1162）南渡以来，辛弃疾已在南方度过了八个春秋，始终不受重用。因此，对于这次召见，他十分重视。

为了这次召见，辛弃疾草拟了两份奏书，分别为《论阻江为险须藉两淮疏》和《议练民兵守淮疏》。其中的大部分观点，在《美芹十论》中已有论述，只是在这两份奏书中，论述更为明确和详尽。

在《论阻江为险须籍两淮疏》中，辛弃疾指出，金人最为忌惮的并非宋朝兵力，而是被宋兵断其后路。他说："一出其后，则淮北之民必乱，而淮北之城即可乘间而取。"也就是说，只要宋朝出兵，淮北民众必然支持，对金兵形成两边夹击之势。因此，辛弃疾提出"三分之，建为三大镇"的防御策略。他认为，一旦一镇被金兵进攻，则另外两镇可分工协作，一镇出兵救援，一镇断了金兵后路。如此，金兵有所忌惮，定不敢轻举妄动。

在《议练民兵守淮疏》中，辛弃疾认为，两淮的百姓虽不多，但若是集中于三镇，数量也不算少。若能将淮南分为三镇，预先划拨好郡县户口，和平之时百姓务农，累积物资；若战事发生，百姓便携粮食牛马躲进城中。如此，三镇供给不缺，百姓也能免于颠沛流离。

召见当日，面对孝宗，辛弃疾不卑不亢，侃侃而谈。他先从南北形势说起，论述收复中原的必要性和可行性。其后，他回溯历史，讲述三国东吴、东晋等立足于江南的政权，在内政外交诸方面的得失。在此基础上，辛弃疾提出巩固国防、强化军事、拔擢人才、训练士兵、屯田两淮的一系列主张。

面对帝王，辛弃疾并未刻意投其所好，而是将心中所想和盘托出。他引经据典，讲得痛快淋漓。然而，宋孝宗却是不置可否。不久后，辛弃疾被调回临安，担任司农寺主簿。《宋史·辛弃疾传》载："以讲和方定，议不行。迁司农寺主簿。"司农寺是朝廷掌管粮食储存和发放官吏禄米的机构，主簿为主管文书簿籍的官员，官阶七品。

虽被皇帝召见，但是政治、军事等方面的主张仍未被重视，辛弃疾难免有几分失落。对于才华横溢、胸怀大志的辛弃疾来说，司农寺主簿一职仍如鸡肋。唯一值得庆幸的是，他被调回了朝廷，升迁有望。

如今，辛弃疾来到了临安。一个王朝，和它瘦弱的身体，被安置在这里，半睡半醒。风景如旧，但属于这里的故事，却不似从前那般清朗和悠然。

烟雨楼台，依旧是过客匆匆，繁华如梦；青山绿水，依旧是游船画舫，往来不息。杭州，无论何时都是一场悠长的梦。风花雪月、沧海桑田，在这梦里沉淀成了一份翩然。只是，此时的梦和从前的梦，毕竟是不同了。

这里，沉睡着苏小小，也沉睡着岳武穆。于是我们知道，杏花春雨和铁马秋风都沉睡在这里。

白居易来到这里，这里便是白居易的杭州；苏东坡来到这里，这里便是苏东坡的杭州。而辛弃疾来到这里，无论他如何惊才绝艳，如何雄才大略，却不能成为杭州的主人。他注定只能是杭州的客人。但我们知道，烟雨楼台、斜阳草木，定会将他引为知己。因为，他是率真澄澈的辛弃疾。

在当时的朝廷，虞允文是坚定的主战派。对于宋金关系，虞允文认为"机会之来，间不容发"。他始终在等待机会，完成北伐中原的大业。当年，虞允文领兵大破金兵，取得采石大捷，辛弃疾对他甚是欣赏，认为他是领导南宋军民抗金北伐的不二人选。因此，在虞允文上任丞相不久，辛弃疾便呈上了《九议》，明确表示支持他的政治主张和抗金北伐的路线，并对主和派进行了斥责。

南宋词人刘克庄在《辛稼轩集序》中说："辛公文墨议论尤英伟磊落。乾道、绍熙奏篇及所进《美芹十论》、上虞雍公《九议》，笔势浩荡，智略辐辏，有《权书》《衡论》之风。"不过，辛弃疾呈上《九议》后，虞允文并未给予明确答复。

司农寺主簿是一个负责粮食储备、仓库管理等事务的职位。而辛弃疾立志投身沙场，北伐收复河山，显然不甘心身处这个尴尬的职位。可也没有办法，他此时只如棋子，进退都由不得自己。

心情抑郁的时候，辛弃疾只好去到云水之间，闲行静坐，酬酢风月。偶尔他也会行走于市井，感受属于临安的繁华。临安城成为南宋国都以后，经过多年建设，成了当时世界上最繁华的大都市。上元之夜，辛弃疾独步街市。满目繁华，他却想起了无法回去的故乡，想起了中原受尽欺凌的黎民百姓。当晚，他写了首《青玉案·元夕》：

东风夜放花千树，更吹落、星如雨。宝马雕车香满路。凤箫声动，玉壶光转，一夜鱼龙舞。

蛾儿雪柳黄金缕，笑语盈盈暗香去。众里寻他千百度。蓦然回首，那人却在，灯火阑珊处。

河山破碎，国势衰落。

而此时，南宋朝廷里却是一片歌舞升平。

那晚，所有的宝马香车，所有的灯火辉煌，都在无声地映衬着一个王朝的荒凉。自然，辛弃疾心中的悲伤和愁闷，也被清晰地映衬了出来。所有的热闹里都藏着寂寥，就像所有的喜剧里都有悲伤的成分。往往越热闹，也就越凄凉。这首词中，在灯火阑珊处终于得见的那人，或许是遗世独立的佳人，或许是无限的中原大地，又或许是辛弃疾自己。

王国维在《人间词话》中说，古今之成大事业、大学问者，必经过三重境界：第一境界为"昨夜西风凋碧树，独上高楼，望尽天涯路"；第二境界为"衣带渐宽终不悔，为伊消得人憔悴"；第三境界为"众里寻他千百度，蓦然回首，那人却在，灯火阑珊处"。

我以为，所谓境界，不过是人在处理世事之时的态度和方式。从执着到放下，有时候需要多年，有时候只需刹那。但不管怎样，经历无数次聚散浮沉之后，我们总要学会淡然，学会从容，学会得失随缘。如此，在离开尘世的时候，才能不惊不惧。

那晚，辛弃疾是孤独的。真正的孤独，往往并非茕茕孑立形影相吊，而是明明身在人群之中，却好似独自行走，四下无人。蓦然回首，灯火阑珊，他能看到的，或许只有自己寥落的身影，和一片死寂的剩水残山。

湖山此地，风月斯人。

临安城里，他酬对风月，悲喜自知。

明灭灯火，亦是少有的知己。

## 卷三：宦海多浮沉

人生，是一场单程的旅行。

年月渐深，我们总会与从前的自己渐行渐远。

却也有人，出走多年，归来仍是少年。


## 醉翁遗风

红尘世事，如一卷山水画。

有疏有密，有明有暗。自然，也不乏留白。

而我们，就走在这画里，不声不响。

寂静也好，喧嚷也好，都无处逃避，毕竟我们只是过客。画里有春花秋月，有夏风冬雪，还有沉默的悲欢离合。我们只是走着，过山过水，听风听雨。但不管怎样，漫长的路上，我们总要学着接受，接受花开花谢，接受月圆月缺，接受世事无常。我们应当以旅行的姿态，走出淡定从容，走出一蓑烟雨任平生的悠然。

就仕途来说，辛弃疾几无得意之时。他的旷世才情，他的雄才大略，还有他收复河山的远大志向，都没有被善加利用。不过，与生俱来的诗性和豁达，让他在失意之时，还能寻得几分闲情逸致，坐卧云水，把酒高歌。无论如何，那颗悲悯之心，始终为家国社稷、黎民百姓跳动着。

乾道八年（1172）春，辛弃疾出任滁州知州。据南宋诗人周孚《蠹斋铅刀编·滁州奠枕楼记》载："乾道八年春，济南辛侯自司农寺主簿来守滁。"此时，辛弃疾已南渡十年。之前的官职，从江阴签判到广德通判，从建康通判到司农寺主簿，皆是闲职，辛弃疾的才学难以发挥。而滁州知州则不同，身为地方长官，他可以尽其所能，大展拳脚。

滁州地处今安徽省东部，南临长江，东抵京杭大运河。宋朝时，滁州属淮南东路，处在庐州（今安徽合肥）、楚州（今江苏淮安）和扬州几大军事重镇之间，可谓江左门户，地理位置十分重要。孙权曾在这里阻击魏军，宋太祖赵匡胤为后周大将时，曾在这里大破南唐军队。

滁州本是山水相宜、景色明秀之地，境内有琅琊山、洗心亭、卧牛湖等名胜，游人不绝。唐代诗人韦应物在这里任刺史时，曾作诗《滁州西涧》："独怜幽草涧边生，上有黄鹂深树鸣。春潮带雨晚来急，野渡无人舟自横。"寥寥数语，便是一幅山水。

北宋庆历五年（1045），欧阳修出任滁州太守。虽是被贬，但彼时江淮之间百年不见干戈，人民安居乐业，因其地僻事简，民风淳朴，兼有山水之美，欧阳修转忧为乐。到滁州的第二年，好友僧智仙为欧阳修在琅琊山麓建造了一座游亭，欧阳修自号"醉翁"，他将此亭命名为"醉翁亭"，并作《醉翁亭记》。

醉翁之意不在酒，在乎山水之间也。

那时候，欧阳修时常流连于山水之间，醉意翩跹。

古城如诗，一山一水皆是韵脚。

但是后来，滁州的秀丽和安谧被打破了。靖康之变后，金人数次南侵，两淮之间饱受战争之苦，滁州也不曾幸免。战争之后，曾经山明水净、物产丰饶的滁州，城垣破败，百姓流离，惨不忍睹。从前的城镇成了焦土荒野，从前的房舍成了瓦砾草场，整个滁州破败不堪。除此之外，从乾道四年（1168）至乾道七年（1171），滁州还经历了连续四年的旱涝灾害。因此，辛弃疾出任滁州知州时，这里可谓废墟一片，民不聊生。

境况如此，南宋官员大都不愿前往滁州为官。很多官员即使来此，也是得过且过，无所作为。而辛弃疾从繁华的临安到破败的滁州，并未灰心。相反，他决定尽自己所能，让滁州恢复旧日模样，让百姓安居乐业。

范文正公说，先天下之忧而忧，后天下之乐而乐，那是一份对苍生的慈悲。显然，辛弃疾亦是如此。百姓遭受流离之苦，他心急如焚。为官一任，造福一方，就是他的心愿。对辛弃疾来说，不能扬鞭跃马，整饬河山，那么以自己才学，让一方百姓得以安生，也是好的。

为了使民生凋敝的滁州得以复兴，辛弃疾采取了一系列措施，比如减轻赋税、招回流散百姓、组织屯田等。《宋史·辛弃疾传》载："迁司农寺主簿，出知滁州。州罹兵烬，井邑凋残，弃疾宽征薄赋，招流散，教民兵，议屯田，乃创奠枕楼、繁雄馆。"

连年的战争后，滁州生产力大大降低，百姓贫苦，而朝廷仍在照常征税。辛弃疾到任时，滁州已欠赋税五千八百贯，辛弃疾立即上疏《谢免上供钱启》，请求朝廷尽数豁免，以减轻百姓负担。

同时，辛弃疾实践《美芹十论》及《九议》中的策略，采取种种有力措施，吸引流亡各地的农民回滁州进行生产。对于返乡的农民，他租给其土地钱粮，分给其农具、牲畜、粮食种子等，并且派人修葺其房屋。对于从北方来的农民，辛弃疾分配给他们适量的土地和农具，并实行亦兵亦农、兵农结合的屯田制度。

为了繁荣滁州经济，辛弃疾还重视被儒家和古代社会视为末业的工商业的发展。他规定，凡在滁州境内买卖经营，商业税减免十分之七，以此吸引商户向滁州聚集。而且，他还组织人力物力，修建商铺、酒馆、旅店等，使商贩们居有定所，过境的商旅也有歇脚之处。辛弃疾还将商户集中起来，建设专门的商贸城，取名"繁雄馆"。

种种措施施行以后，滁州发生了翻天覆地的变化。经济得以恢复，百姓得以安居，商贾云集，行人络绎，整个城市焕然一新，一派繁荣安定景象。辛弃疾终于可以坐下来，在山水之间，流连诗酒了。

一壶酒，几行诗，三分清闲。

日子就在他手中，散淡而不失意趣。

放下刀剑，坐卧云水，他是不折不扣的文人。

百姓生活日渐安稳，辛弃疾便在滁州城西林壑幽美之处，建造了一座观景楼，供人们登临游赏，取名"奠枕楼"。所谓奠枕，意思是安枕以卧，形容局势安稳。关于奠枕楼这个名字，周孚在《奠枕楼记》中记载，辛弃疾曾如此解释：给此楼取名奠枕，并非为了奢靡享乐，而是为了见证滁州百姓的闲适和安乐，他也能享受片刻的安逸。

奠枕楼建成后，辛弃疾寄去书信，请时任福建市舶使的严子文作记。严子文欣然答应，但由于路途遥远，又请时任平江府（今江苏苏州）府学教授的崔敦礼代笔，写了一篇《代严子文滁州奠枕楼记》。同时，辛弃疾的同乡好友周孚也撰写了一篇《奠枕楼记》。

据《代严子文滁州奠枕楼记》载，奠枕楼落成之时，辛弃疾立于楼上，对百姓说："今疆事清理，年谷顺成，连甍比屋之民各复其业。吾与父老登楼以娱乐，东望瓦梁清流关，山川增气，郁乎葱葱，前瞻丰山，玩林壑之美，想醉翁之遗风，岂不休哉？"

"民生"二字，是辛弃疾心之所系。

社会安定，百姓怡然，他才可以坐卧云山。

只有这样，吟诗作赋才能心安理得。

欧阳修在《醉翁亭记》中写道："树林阴翳，鸣声上下，游人去而禽鸟乐也。然而禽鸟知山林之乐，而不知人之乐；人知从太守游而乐，而不知太守之乐其乐也。醉能同其乐，醒能述以文者，太守也。"欧阳修畅游山水，醉卧云月，陶然之情无人能及。其实，身在滁州，辛弃疾亦曾流连山水，吟诵风月，尽得醉翁之遗风。

奠枕楼建成后，辛弃疾经常邀朋友来此游赏。这里林壑寂静，山水相宜，朋友们乐得前来。这天，辛弃疾与好友李清宇登楼赏景，诗酒相酬，极是欢畅。其后，辛弃疾写了首《声声慢·滁州旅次登奠枕楼作，和李清宇韵》：

> 征埃成阵，行客相逢，都道幻出层楼。指点檐牙高处，浪拥云浮。
> 今年太平万里，罢长淮、千骑临秋。凭栏望，有东南佳气，西北神州。
> 千古怀嵩人去，应笑我、身在楚尾吴头。看取弓刀，陌上车马如流。
> 从今赏心乐事，剩安排、酒令诗筹。华胥梦，愿年年、人似旧游。

尽管此时的滁州已百业俱兴，但辛弃疾并未沉醉于暂时的和平安乐之中。他始终惦记着沦陷于金人手中的中原大地。立于奠枕楼上，遥望万里河山、千秋岁月，他似乎已经看到恢复西北神州的希望。

唐朝宰相李德裕曾在滁州修建过怀嵩楼，也曾在楼上指点江山。而现在，江山沦陷，辛弃疾却只能留在滁州，壮志难酬。于是他说，若是李德裕泉下有知，定会嘲笑他回归中原遥遥无期。辛弃疾无力主宰自己的命运，身为人臣，他只能听从朝廷的调拨。因此，纵然他豪情万丈，也终要落得满心萧瑟。

还好，云水风月都在左近。

还好，江山虽然破碎，岁月毕竟还完整。

有诗有酒，他就有归宿。

## 青山欲共高人语

山一程，水一程。

漫长的路上，我们背负着天空和大地，踽踽独行。

山河草木，日月沧桑，皆是风景。

身在滁州的辛弃疾，看似过着诗酒流连的日子，其实从未忘记家国河山之事。对于金国动向，他从未停止关注。经过多方搜集情报，他分析得知，此时的金国内部矛盾日趋剧烈，纷争不断，上层统治者骄奢淫逸。与此同时，北方的蒙古族正在崛起。随着其实力不断壮大，必将对金国形成极大的威胁。

于是，辛弃疾在给朝廷的奏疏《论亡虏疏》中写道："仇虏六十年必亡，虏亡则中国之忧方大。"意思是，金国六十年后必亡，在其覆亡之后，宋朝面临的危机更甚。只不过，对于辛弃疾的预言，南宋君臣皆熟视无睹。

事实上，历史的走向与辛弃疾的判断几乎一致。后来，南宋背弃了和约，与蒙古政权夹击金国，从而导致金国于宋理宗端平元年（1234）灭亡。金国灭亡后，南宋又苟延残喘四十余年，于祥兴二年（1279）被蒙古所灭。南宋灭亡以后，词人周密在整理南宋资料时，发现了辛弃疾的这份奏疏，不禁叹息道："惜乎斯人之，不用于乱世也。"那时候，辛弃疾已离世近百年。

这世上，有太多的后知后觉。很多事情，发生的时候满心迷惘，待到醒悟，一切为时已晚。辛弃疾一片赤诚，高瞻远瞩，终是被埋没了。

不管怎样，词还得填，酒还得饮。

失意也好，落寞也好，他都不曾辜负诗酒。

在诗人手中，日子总有着落。

乾道八年（1172）秋，滁州通判范昂被召入朝。临行前，辛弃疾为其设宴饯行。推杯换盏之际，忆起了南渡前后发生的事情，辛弃疾不禁感慨丛生。于是，他写了首《木兰花慢·滁州送范倅》：

老来情味减，对别酒、怯流年。况屈指中秋，十分好月，不照人圆。无情水、都不管，共西风、只管送归船。秋晚莼鲈江上，夜深儿女灯前。

征衫，便好去朝天，玉殿正思贤。想夜半承明，留教视草，却遣筹边。长安故人问我，道愁肠殢酒只依然。目断秋霄落雁，醉来时响空弦。

这首词上阕抒离别之意，感叹年华易逝。下阕笔锋一转，写到了家国社稷之事。头二句言友人入朝前勤奋忠正，第三句言朝廷求贤若渴。承明，是汉代朝官值宿之地，词里借指宫廷。这几句寄托了词人的理想，表明愿为光复中原倾其所有。

后面"长安故人问我，道愁肠殢酒只依然"句，写出了辛弃疾的无奈。他说，倘若在京城遇到故人，请告诉他们，自己还在借酒浇愁。长安，这里代指南宋都城临安。此句充分表达了辛弃疾报国无门的悲愤之情。

末句"目断秋霄落雁，醉来时响空弦"，辛弃疾借《战国策》里"虚弓落病雁"的典故，说自己醉中张弓满月，空弦虚射，却惊落了秋雁。戎马关山，平定中原，是辛弃疾的毕生心愿。可惜到最后，他的抱负终究付诸流水，纵能挽雕弓如满月，也无法射落西北天狼。他的愁苦与愤懑无处言说，只好安置在词中。

乾道九年（1173）冬，辛弃疾身患重病，不得不停职养病。据周孚《蠹斋铅刀编》载："适以筋骸之疾，退安闾里之居，既乏使令，莫附置邮。"

这年年末，辛弃疾的好友叶衡被调任建康府知府。因其举荐，辛弃疾于淳熙元年（1174）春被召往建康，担任江东安抚司参议官。据《宋史·辛弃疾传》载："辟江东安抚司参议官。留守叶衡雅重之。"

江东为江南东路的简称，管辖现浙江省、江苏省的长江以南地区，以及江西省东部地区，首府设在建康。江东安抚司主管江南东路的军政和民政。参议官的职责是辅助安抚使处理事物，参与议论军事，节制兵马。从滁州知州到江东安抚司参议官，算是拔擢，又兼重回故地，因此辛弃疾十分高兴。

淳熙元年（1174）春，病愈后的辛弃疾再次来到建康。故交四散，他颇有物是人非之感。二月，主战派骨干虞允文离世，辛弃疾甚是难过。四月，叶衡被召入朝任户部尚书兼签书枢密院事。好友迁升入朝，辛弃疾既为之高兴，又不免因离别而感伤。临别，两人偕同前往蒋山游玩，辛弃疾以一首《一剪梅·游蒋山呈叶丞相》相赠：

独立苍茫醉不归。日暮天寒，归去来兮。探梅踏雪几何时？今我来思，杨柳依依。

白石冈头曲岸西。一片闲愁，芳草萋萋。多情山鸟不须啼。桃李无言，下自成蹊。

曾经，他们一起踏雪寻梅。

此后，他独自游走于山水，只剩一片闲愁。

"昔我往矣，杨柳依；今我来思，雨雪霏霏。"《诗经·小雅·采薇》中的诗句，被辛弃疾直接引用。想象友人走后，自己独自赏景那种物是人非的凄凉心境，化用前人诗句，却毫无做作之感。最后两句引用《史记·李将军列传》中赞颂李广的话盛赞好友，说叶衡升迁是意料中的事，亦是实至名归。

青山欲共高人语，联翩万马来无数。烟雨却低回，望来终不来。
人言头上发，总向愁中白。拍手笑沙鸥，一身都是愁。

叶衡走后，辛弃疾又作了这首《菩萨蛮·金陵赏心亭为叶丞相赋》遥寄好友。词的上阕借由青山、烟雨向好友吐露心声，含蓄地表明自己驰骋沙场、恢复河山的愿望。然而，还我河山的胜利却始终如徘徊的青山和烟雨般久难到来。

人们常说，理想太丰满，现实太骨感。辛弃疾便是如此。整饬山河、恢复中原的愿望无法实现，他的心中时常愁绪弥漫。下阕他将心中的愁绪化作揶揄，望着通体雪白的沙鸥，想起人们总说头发是因为忧愁而变白的，不禁拍手笑言：沙鸥竟是世间最为烦忧的了。说得轻描淡写，愁绪却分明就在其中。显然，一身都是愁的并非沙鸥，而是辛弃疾自己。

秋天，辛弃疾再次登临赏心亭。

千里清秋，流水无际。极目远眺，忧从中来。

于是，他写了首《水龙吟·登建康赏心亭》，一纸哀愁：

楚天千里清秋，水随天去秋无际。遥岑远目，献愁供恨，玉簪螺髻。落日楼头，断鸿声里，江南游子。把吴钩看了，栏杆拍遍，无人会，登临意。

休说鲈鱼堪脍，尽西风，季鹰归未？求田问舍，怕应羞见，刘郎才气。可惜流年，忧愁风雨，树犹如此！倩何人，唤取红巾翠袖，揾英雄泪！

落木萧萧，荒草无垠。

秋天，是衰败凄凉的模样。

对于满心愁绪的人来说，秋天更如野径天涯。

对于辛弃疾来说，江南虽好，终究只是暂居之处。遥远辽阔的北方，才是他的故乡。自然，那也是无数流落南方游子的故乡。可他登高望远，满心凄凉，却是无人知晓。

杜甫《后出塞》诗中有"少年别有赠，含笑看吴钩"之句；李贺《南园》诗中有"男儿何不带吴钩，收取关山五十州。"吴钩，是古代吴地制造的一种宝刀，后来代指兵器。吴钩本应用来杀敌，但如今却闲置身旁，成了玩赏之物，英雄无用武之地的苦闷不言而喻。

据王辟之《渑水燕谈录》中记载，宋代孤傲不群的刘孟节常常凭栏静立，怀思世事，叹息独语，或以手拍栏杆。他曾经作诗说："读书误我四十年，几回醉把栏杆拍。"栏杆拍遍，指胸中有说不出来的苦闷之气，只好借拍打栏杆来发泄。用在这里，足见辛弃疾壮志难酬的悲愤。

下阕仍旧用典。"休说鲈鱼堪脍"三句借西晋张翰典故，张翰字季鹰。据《世说新语·识鉴》载，张翰在洛阳为官，见秋风四起，想起了故乡的菰菜、莼羹、鲈鱼脍等美味，便说："人生最重要的是开心快意，怎能被名利羁绊在千里之外！"于是，毅然辞官回到了吴中。辛弃疾用此典故，是为了感叹自己即使愿意辞官而去，却是难回故土。

"求田问舍"三句也有源头。据《三国志·魏书·陈登传》记载，三国名士许汜拜访陈登，陈登对他甚是轻慢。后来，许汜对刘备说起此事，刘备说："如今天下大乱，你不能忧国忧民，只向他询问购置田产房舍之事，他怎能不厌恶？"辛弃疾是喜欢山水田园的，但是国恨家仇未雪，他不能醉心于诗情画意。

年华渐老，夙愿难了。这就是辛弃疾的无奈。朝廷软弱，北伐无期，恢复中原便成了一纸空文。于他，便是终生的怅恨。他说："倩何人，唤取红巾翠袖，揾英雄泪。"试问，谁能拭去他壮志难酬的泪水？岳武穆在《小重山》一词中写道："欲将心事付瑶琴。知音少，弦断有谁听？"辛弃疾的境况亦是如此。


## 西北望长安，可怜无数山

红尘陌上，一路风尘。

离开之前，我们停不下脚步。

或奔忙于世事浮沉，或流连于山水云烟。

为了心中的夙愿，辛弃疾愿意倾尽所有。他希望扬鞭跃马，叱咤风云，哪怕血染沙场，哪怕埋骨他乡，不为笑傲红尘，只为河山无恙。可惜，在一个失却了风骨的时代，他的理想难有实现之日。最终，理想落空，随他归于青草，从此寂静无声。

尽管如此，辛弃疾从未灰心。对他来说，无法投身疆场，平定天下，固然值得愤懑悲凉，但是能以自己的才学，给黎民百姓一份安稳，也可俯仰无愧。

淳熙元年（1174）十一月，叶衡出任右丞相和枢密使，他向孝宗力荐辛弃疾。不久后，孝宗再次召见辛弃疾，并将他调回临安，任仓部郎官。《宋史·辛弃疾传》载："衡入相，力荐弃疾慷慨有大略。召见，迁仓部郎官、提点江西刑狱。"

在建康任参议官不到一年，辛弃疾再次回到了临安。仓部是户部的下属单位，掌管大臣俸禄。仓部郎官为从六品文官，与辛弃疾的宏愿相去甚远。但他只能默然接受，本着既来之则安之的态度尽心尽力。

据《历代名臣奏议》记载，任仓部郎官期间，辛弃疾曾上疏《论行用会子疏》，讨论会子行用问题。会子是宋高宗期间发行的纸币，起源于临安，也称作"便钱会子"。那些年，会子不断贬值，百姓不愿再用，影响到了朝廷的财政收入。

孝宗曾令群臣讨论会子流通危机的问题，辛弃疾上疏提出了自己的解决策略。他认为，首先要停止印制更多的会子，以防止会子进一步贬值；其次，扩大会子的使用范围，增加对会子的需求。辛弃疾的建议，得到了叶衡的支持。此策略施行后，会子的流通状况有了明显改观。

淳熙二年（1175）六月，辛弃疾被任命为江南西路提点刑狱公事，负责节制诸军，剿灭茶寇。据《宋史·孝宗本纪》载："六月辛酉，以仓部郎中辛弃疾为江西提刑，节制诸军，讨捕茶寇。"

从唐代开始，喝茶成了寻常之事。上自王侯将相，下至庶民百姓，都以饮茶为乐。史料曾这样记载："上自宫省，下至邑里，茶为食物，无异米盐。"饮茶之人不断增加，贩卖茶叶的利润越来越丰厚，朝廷开始征收茶税，无论种茶的农户，还是卖茶的商户，都必须向官府缴税。

至北宋，茶税已成为朝廷收入的重要来源。那时候，茶叶由官府控制，不准自由买卖。宋室南迁后，由于失去了中原大片土地，财政收入大大缩减。而且，那些年战事频繁，供养军队耗费庞大，因此财政状况愈加窘迫。为了增加财政收入，朝廷对茶叶贸易实行了更严格的管控，并不断加重茶税。

繁重的茶税让茶商不堪忍受，于是，不少茶商开始偷偷贩卖私茶。即不通过官府许可，私自从茶农处购茶，逃避茶税，以低廉的价格出售。不少茶商将茶叶贩卖到金国，转手便能获取巨额利润。贩卖私茶给朝廷收入带来了极大的损害，因此朝廷想尽办法予以限制，严格盘查，严厉打击，却是收效甚微。

受利益驱使，茶贩们经常成群结伙，对抗官府的查禁，还组织私人武装强行贩卖私茶。南宋朝廷曾颁布法令："凡结徒持杖贩易私茶，遇官司擒捕抵拒者，皆死。"即使如此，茶贩们仍旧不惜铤而走险。有时候，他们甚至正面与官府对抗，杀伤巡检人员，放火焚烧官府。这些人，官府称之为茶寇。

那时候，两湖和江西等地，茶寇与官府的斗争愈演愈烈。为了镇压茶寇，南宋朝廷曾在江州和荆南府派军队驻守。然而，茶寇气焰依旧嚣张。宋孝宗乾道末年，茶寇已汇集成军，号称"茶商军"。淳熙二年（1175）四月，一支以赖文政为首，四百多人的茶商军在湖北南部起事，从湖北打到湖南，转战江西、广东，最后盘踞在江南西路附近，兵众近千人。

这年五月，南宋朝廷派江州都统皇甫倜前往招安，未果；接着，朝廷又令鄂州都统李川调兵围剿，然而军队尚未行动，茶商军已越过大庚岭，进入了广东。其后，广东提刑林光朝带兵阻击，茶商军受挫，折回了江西。南宋朝廷又派江南西路兵马总管贾和仲率领上万兵马进剿。结果，贾和仲轻敌冒进，在山区受到伏击，大败而归。

因为消极抵抗，江西安抚使汪大猷被贬，而新任江西提点刑狱方师尹，竟然因害怕担责任而不敢赴任。据《宋会要·职官》载："（淳熙二年）六月十一日，新江西路提刑方师尹别与差遣，坐老耄畏怯，闻江西茶贼窃发，畏避迁延，不敢之官故也。"

无疑，茶商军已成南宋朝廷的心腹大患。在这种情况下，叶衡向宋孝宗推荐了辛弃疾。宋孝宗同意了叶衡的建议，改派辛弃疾为江西提点刑狱。

七月，辛弃疾离开临安，前往江西上任。他的职责很明确，就是剿灭茶寇。因此，抵达任所后，他便开始忙碌，调查茶寇动向，分析茶寇弱点，训练剿寇兵马，几无闲暇。他在手札中记录："弃疾自秋初去国，倏忽见冬。詹咏之诚，朝夕不替。第缘驱驰到官，即专意督捕。日从事于兵车羽檄间，坐是倥偬，略亡少暇。"

辛弃疾计划从乡兵中遴选优秀者，组织一支敢死队。结果，乡兵之中合格者甚少，千余名乡兵中，最终只选出十余人。于是，辛弃疾又征调赣州、吉州以及湖南郴州等地乡兵，淘汰老弱病残，经过严格训练，派到剿寇前线。其后，他又寻找熟悉当地地形的乡民，带领乡兵深入山区搜捕茶商军。同时，辛弃疾还令荆州、鄂州府军，趁茶商军疲惫，围追堵截。

经辛弃疾严密部署，官军将茶商军围困在山中，使其进退不得。这年九月，辛弃疾派人前去招降，赖文政见大势已去，只得投降。茶商军残部或被编入官军，或被遣送回乡。投降的赖文政被押到江州（今江西九江）处死。闰九月，茶商军之患彻底平息。《宋史·孝宗本纪》载："是月，辛弃疾诱赖文政杀之，茶寇平。"

其后，辛弃疾仍任江西提点刑狱。不过，因剿灭茶寇有功，他被朝廷加封秘阁修撰。《宋史·辛弃疾传》载："召见，迁仓部郎官提点江西刑狱，平剧盗赖文政有功，加秘阁修撰。"秘阁修撰为贴职，即荣誉官衔，是朝廷对辛弃疾的特别奖掖。在宋朝，贴职共有九个等级，秘阁修撰为第三等。由此可见，此时的朝廷对辛弃疾比较器重，其政治地位有了显著提高。

跃马沙场，杀敌报国，是辛弃疾所愿。

运筹帷幄之中，决胜千里之外，亦是辛弃疾所愿。

可惜，从此之后，他再未带兵征伐。

原本他该是刀剑饮血的将军，他也想将一腔热血洒在清扫外敌的路上，但那只是他的一厢情愿。最终，刀剑落了尘，生了锈，而他生了满头白发。"男儿何不带吴钩，收取关山五十州"，对着李贺这气吞山河的句子，他徒叹奈何。不过，那不是他的错。世事凌乱，山河破碎，是岁月的伤。

平定茶寇以后，辛弃疾仍在忙碌。朝廷安危，黎民疾苦，他始终挂怀，并为之奔走不息。当然，闲暇时，他也会行走于山野，静观山川物事。赣州西北有一座小山，叫郁孤台。郁孤台之下，有一处渡口，叫作造口。这天，辛弃疾行经造口，望着江水，忆起往事，感慨丛生，于是写了首《菩萨蛮·书江西造口壁》：

> 郁孤台下清江水，中间多少行人泪。西北望长安，可怜无数山。
> 青山遮不住，毕竟东流去。江晚正愁余，山深闻鹧鸪。

罗大经在《鹤林玉露·辛幼安词》中写道："盖南渡之初，虏人追隆祐太后御舟至造口，不及而还。幼安自此起兴。"靖康之变，金军掳走了宋朝皇室亲眷无数，宋哲宗的废后，即宋徽宗的嫂嫂孟氏因在外修道而得以幸免。后来，孟氏避难南下，在高宗登基及巩固统治的过程中发挥了重要作用，因此被尊为"隆祐太后"。

南宋初建之时，遭到了金人的穷追猛打。彼时，宋高宗在江浙一带避难，隆祐太后则逃至江西。隆祐太后乘舟溯赣江而上，金兵在后紧追不舍。到了造口，见情势危急，隆祐太后弃舟登陆，在当地乡民的帮助下，终于逃过一劫。郁孤台沉默地见证着宋室亡国之恨。因此，经过这里的辛弃疾不禁触景伤怀，悲从中来。

李后主词云："故国不堪回首月明中。"立在郁孤台上，辛弃疾怕也是同样的心境。江山故国，早已破败。遥望故土，追忆往事，不过是平添忧愁。白居易在《山鹧鸪》中写道："啼到晓，唯能愁北人，南人惯闻如不闻。"鹧鸪声声，唤起了辛弃疾抚今追昔的悲伤，也唤起了他功业难就的愤懑。

他沉默着，也悲伤着，那是一个萧索的身影。

他伫立山头，遥望北方，一片荒凉。

汴京城，曾经的热闹与繁华，早已被金人的马蹄踏碎。

流水依旧东去，带着风流，也带着寂寞。

像是一首绝情的诗。


## 二年历遍楚山川

诗里说，江湖夜雨十年灯。

所谓江湖，不在别处，而在我们心里。

夜雨江湖，我们是自己的英雄。

哪怕孑然一身，也要仗剑而行，纵横万里。

当下，辛弃疾在江西提点刑狱任上。公事之余，偶尔把酒填词，临山近水，借几分闲情聊以度日。其实，就仕途来讲，此时的辛弃疾正值上升时期，颇受皇帝看重。不过，辛弃疾想要的，从来都不是仕途的平步青云，而是河山的完整无缺。游山玩水，固然也是他平生所好，但与收复河山相比，诗酒云山皆是次要的。

淳熙三年（1176）秋冬之际，辛弃疾被调任京西转运判官。京西路辖襄阳府及七州一军，治所在襄阳。转运判官掌管该路的财政和赋税。不久后，辛弃疾离开江西，往襄阳赴任。其后，在京西转运判官任上，日子在波澜不惊中，颇有几分无聊。

淳熙四年（1177）春，在京西路任职不足半年的辛弃疾，又被调任江陵知府，兼荆湖北路安抚使，集荆湖北路军政大权于一身，成为最高级别的地方官。江陵即古时荆州，地理位置十分重要。在宋代，朝廷往往会派重臣来镇守江陵。看上去，辛弃疾的仕途一片光明。

这年夏，范成大因病辞去四川制置使、成都知府之职，返回临安的途中，经过江陵，与辛弃疾同游数日，也曾前往春秋时楚国的宫城渚宫。范成大在《吴船录》中写道："淳熙丁酉八月壬申、癸酉泊沙头，江陵帅辛弃疾幼安招游渚宫。"

范成大素有才名，尤工于诗。其诗平易浅显、清新自然，题材广泛，以反映农村生活内容的作品成就最高。

文人相聚，自有一番意趣。

游山玩水，把酒临风，总是畅快淋漓。

甚至就连离别的感伤，也带着几分诗意。

范成大与辛弃疾因为性情相投，所以一见如故。那几日，他们流连于山水云月，极是欢洽。只是把酒闲谈之时，说到家国社稷之事，难免感叹。

据周必大《平园续稿》载，淳熙四年（1177）冬，江陵驻军中的统制官率逢原纵容其部下殴打百姓，造成军民冲突。辛弃疾让率逢原惩治其部下，率逢原不予理会，辛弃疾只好将此事上报给朝廷，要求惩处。结果率逢原虽被降职，但因在朝廷根基甚深，不久便又官复原职，而辛弃疾则因"协调不力"，被调离江陵，改任隆兴（今江西南昌）知府兼江西安抚使。

兜兜转转，辛弃疾又回到了江西。

没办法，辛弃疾只好立即起程前往隆兴。上任之后，他就做了一件大快人心之事。据《宋会要·职官》记载，淳熙五年（1178）二月，辛弃疾得知兴国军的地方官黄茂才为了自己的政绩，不顾连年水旱灾害，过数收纳粮食，以致无数百姓衣食难继。辛弃疾上疏弹劾，请求朝廷惩办黄茂才。最后，黄茂才被降官两级。

但没想到，这年暮春，辛弃疾又被召回临安，任大理寺少卿。那两年，随着官职的变换，辛弃疾游走各处，几无歇脚之时。对那两年的官职变动，《宋史·辛弃疾传》的记述极为简略："调京西转运判官，差知江陵府兼湖北安抚。迁知隆兴府兼江西安抚。以大理少卿召，出为湖北转运副使，改湖南，寻知潭州兼湖南安抚。"

一次次离开，也就意味着一场场分别。就像欧阳修在词中所写：聚散苦匆匆，此恨无穷。有人说，离别是相聚的开始。听来有几分道理，但我们都知道，世事难料，离别可能是相聚的开始，但也可能是永别。

辛弃疾的《鹧鸪天·离豫章别司马汉章大监》即写于此时：

聚散匆匆不偶然，二年历遍楚山川。但将痛饮酬风月，莫放离歌入管弦。
萦绿带，点青钱，东湖春水碧连天。明朝放我东归去，后夜相思月满船。

面对离别，除了狂歌痛饮，还能如何？

韦庄在其《菩萨蛮》中写道：春水碧于天，画船听雨眠。

可惜，离别之际，感伤丛生，闲情也就难觅。

纵有莺飞草长、春水无边，也是无心观赏。

临行前，几位同僚为辛弃疾设宴送别。时为江西、京西、湖北
总领的司马倬写了首《水调歌头》，辛弃疾次韵相和。他在题记中
写道："淳熙丁酉，自江陵移帅隆兴，到官之二月被召，司马监、
赵卿、王漕饯别。司马赋《水调歌头》，席间次韵。"

我饮不须劝，正怕酒尊空。别离亦复何恨，此别恨匆匆。头上貂蝉贵客，
苑外麒麟高冢，人世竟谁雄？一笑出门去，千里落花风。

孙刘辈，能使我，不为公。余发种种如是，此事付渠侬。但觉平生湖海，
除了醉吟风月，此外百无功。毫发皆帝力，更乞鉴湖东。

两年，辛弃疾明白了"宦海沉浮"四字的含意。

都说江湖险恶，其实那个时代官场上暗流涌动，更让人生畏。

可也没办法，他无力主宰自己的命运。

当时的朝廷，党派斗争甚为激烈。明争暗斗之下，许多人曲意

逢迎，见风使舵。而辛弃疾性情耿直不阿，不愿依附任何人。

他知道，自己被频繁调动，就是因为朝廷内党派纷争不断。他北伐中原、平定天下的宏愿无人过问，倒是有人对他横加猜忌，致使他奔波各地。他终是人家棋盘上的棋子，无法主宰自己的人生，只好借酒浇愁，说"我饮不须劝，正怕酒尊空"。

这一年，辛弃疾三十九岁。半生已过，除了漂泊江湖、醉吟风月，无所建树。因此，他说，真想辞去官职，到镜湖以东的山水间隐居。话虽如此，却分明有几分牢骚和悲愤在其中。生不逢时，处处受人掣肘，这是辛弃疾的无奈。既然无法建功立业，倒不如离开官场，隐退江湖，以免受人倾轧。

但他理想未灭，志气未消。仕途之中，纵然灯火稀疏，他也要继续前行。流光黯淡，风雨兼程，这都是人生必经之事。幸好，他是诗性的辛弃疾，凄风苦雨之中，也能寻得几分闲情，把酒茅舍，醉卧深山。

红尘迢递，江湖路远。

他的江湖，诗笔即剑气，天地可纵横。

他是他自己的英雄。


## 别有人间行路难

世间的许多人，不过是用尽全力，过着平凡的一生。

辛弃疾生而不凡，却也只是众生中的一个。

他是词人，亦是将军。可以落笔经风雨，可以倚剑凌日月，却终究敌不过世事无常四字。其实，世间你我皆是如此。所有的寻寻觅觅，结果都要由岁月来定夺。于时间沧海，我们只是扁舟，孤独泅渡，悲喜自知。

辛弃疾回到了临安。烟水如旧。

只是，朝廷乌烟瘴气，他难有闲情。

大理寺掌管刑狱之事，少卿为大理寺副职，从四品上。不过，辛弃疾在意的并非官阶高低，而是能否匡扶天下、拯救苍生。

据《宋史·辛弃疾传》记载，淳熙五年（1178）闰六月，同僚吴交如病故，因其为官清廉，死后家里无力购买棺木。对此，辛弃疾感叹："身为列卿而贫若此，是廉介之士也。"感叹之余，辛弃疾拿自己的俸禄买了棺木，安葬了吴交如。其后，他又上疏朝廷，请求追赏吴交如。

辛弃疾可以仗义疏财，可以为民请命。他为人处世，只求无愧于心。朝廷之中，多数人喜欢攀附，而辛弃疾豪迈耿介，厌恶趋炎附势、曲意逢迎之事。这样的性格，必然难容于朝野。事实上，他很快就被排挤出了京城。

这年夏秋之交，辛弃疾被调任荆湖北路转运副使。虽然这次外调并无贬谪之意，但也能看出，辛弃疾在朝中处境艰难。辛弃疾在次年的上疏《论盗贼札子》中说："但臣生平则刚拙自信，年来不为众人所容，顾恐言未脱口而祸不旋踵。"辛弃疾心里清楚，以自己刚直耿介的性情，必然会得罪很多人，但他不想为了所谓前程而改变性情。

生于尘世，当如皓月当空。

纵然孤独一生，也应保持最初的清白。

如此，才算活出了风骨。

在赴湖北的途中，经过扬州时，辛弃疾与好友杨济翁、周显先曾携手同游，把酒酬唱。谈及国恨家仇，三个人于慷慨之余，又不禁默然，赋词兴叹。辛弃疾写了首《水调歌头·舟次扬州和杨济翁、周显先韵》：

落日塞尘起，胡骑猎清秋。汉家组练十万，列舰耸层楼。谁道投鞭飞渡，忆昔鸣髇血污，风雨佛狸愁。季子正年少，匹马黑貂裘。

今老矣，搔白首，过扬州。倦游欲去江上，手种橘千头。二客东南名胜，万卷诗书事业，尝试与君谋。莫射南山虎，直觅富民侯。

这首词，上阕颇类英雄史诗的开头，但其雄宏气势到后半却陡然一转，变作落寞，通过这种跳跃性的转变，表现出辛弃疾失意之情，以及对时政不满的无奈和愤懑。

下阕写他壮志消磨，又兼宦游疲惫，因此想要退隐江湖。但随后他又劝好友既不要归隐，也不要如李广南山习射那样，以功名为重，只应顺应潮流，做个安逸的"富民侯"。其实，无论是说自己想要辞官退隐，还是劝好友图取"富民侯"之名，皆是激愤之语。

淳熙六年（1179）三月，任荆湖北路转运副使仅半年，辛弃疾又被调任荆湖南路转运副使。临行前，湖北转运判官王正之为辛弃疾饯别。带着几分醉意，辛弃疾写了首《摸鱼儿》，题云："淳熙乙亥，自湖北漕移湖南。"

> 更能消、几番风雨，匆匆春又归去。惜春长怕花开早，何况落红无数。春且住。见说道、天涯芳草无归路。怨春不语。算只有殷勤，画檐蛛网，尽日惹飞絮。
>
> 长门事，准拟佳期又误。蛾眉曾有人妒。千金纵买相如赋，脉脉此情谁诉？君莫舞。君不见、玉环飞燕皆尘土！闲愁最苦！休去倚危栏，斜阳正在，烟柳断肠处。

于辛弃疾，这是个愁怀难解的三月。

暮春时节，心事如落花满地，难以拾掇。

这首词，上阕主要写春意阑珊，下阕主要写美人迟暮。词中虽然有辛弃疾对于个人遭遇的愤懑，但更重要的是，他以含蓄的笔墨，写出了对南宋朝廷黯淡前途的担忧。

词的下阕一上来就用汉武帝陈皇后失宠之事，比拟自己仕途失意。据《文选·长门赋序》载，汉武帝皇后陈阿娇先得宠幸，后来失宠被废，贬居长门宫。陈氏听说司马相如的文章天下最工，便送去百斤黄金，求得一篇《长门赋》。据序中所载武帝读此赋后，大为感动，陈皇后遂复得宠。

然而，真实的情况却是，被冷落的陈皇后本已有了与汉武帝重聚的希望，但由于遭到武帝身边其他女人的妒忌，佳期仍是无望。

纵使陈皇后千金买得相如赋，脉脉真情也是无处倾诉。

辛弃疾似为陈皇后而伤感，其实是为自己伤感。他之所以仕途失意，正如词中所写："蛾眉曾有人妒。"他性情狂放，不屑于攀附，因此被朝中权臣排斥和拨弄，频繁改官。带着几分愤恨，他说："君莫舞。君不见、玉环飞燕皆尘土。"杨玉环和赵飞燕，都曾受尽娇宠，后来皆惨死，前者于安史之乱中被缢死于马嵬坡下，后者被贬为庶人以致自杀。辛弃疾的意思是，那些善于拨弄是非的奸佞之人，再上蹿下跳，也终要成为尘土。

与仕途失意相比，辛弃疾更难过的是国势日衰、政权腐朽。他对山河社稷一片深情，而此时，朝廷不仅无所作为，还纷争不断，他无法不痛惜和失望。因为心存家国之愁，所以他说，休要去倚靠高楼，否则会看见斜阳坠落烟柳之中，令人断肠。

夕阳西下，烟柳断肠。

南宋王朝在残破的岁月中，风雨飘摇。

他饮着酒，三分醉意，十分悲伤。

盛筵过后，往往是凄凉。这场饯别后，辛弃疾踏上了自己的旅程。那几年，他经历了多次官职变动。自然地，也就经历了多场离别。他是个豪放之人，但是面对离别，也难免兴起感伤。在一场离别中，他写了首《鹧鸪天》：

唱彻阳关泪未干，功名余事且加餐。浮天水送无穷树，带雨云埋一半山。
今古恨，几千般，只应离合是悲欢。江头未是风波恶，别有人间行路难。

把酒相送，从此人各天涯。离别，便是这般模样。

但是，在这场离别中，辛弃疾所感伤的，不只是故友终将天涯相隔，而是生不逢时，壮志难酬。他在《水龙吟·甲辰岁寿韩南涧尚书》中写道："算平戎万里，功名本是，真儒事，公知否？"身在朝廷，他不图虚名，只为切实地建功立业。我们都知道，辛弃疾心中的功业之事，便是收复河山，还天下黎民以太平安稳。但在这首词中，他却称功名为闲事。显然，这是夙愿难了的激愤之辞。

那日，眼中所见，其实皆是好景。连天的碧水，缠绵的云雨，与远山相映，俨然一幅沉默的山水画。然而，心有感伤与愤懑，眼前物景便是另一番色彩。他说，雨中阴云掩埋了一半青山。落笔之处，已非眼前之景。庙堂上奸佞当道，恰似天边密布之阴云。他之被排挤，正如青山被阴云遮蔽。

下阕笔锋陡转，说古今恨事有几千般，并非只有离别一事堪悲。于辛弃疾，最大的恨事，便是收复山河无望。山河破碎，故国不堪回首，朝廷中却仍是钩心斗角不断。于是他说，江湖风波难测，却也比不上人心、世事之险恶。

不管怎样，该走的路，还是要走。

天涯古道，西风瘦马，都要独自去面对。

世事颠簸，人们终须随遇而安。

## 笔落春秋，心忧天下

云来云去，一如缘聚缘散。

聚散难测的人间，我们能做的，只是且行且珍惜。

有些人离开了还会重逢，有些人去了便是去了，从此杳无音信。

人世间，我们皆是过客。

一场离别后，辛弃疾来到了湖南，任荆湖南路转运副使。当时的湖南很不太平，数年之间境内发生过多次暴动。被辛弃疾剿灭的茶商军，也曾进攻湖南。在茶商军暴乱前后，湖南也未曾太平过。乾道年间，溪峒诸族曾武装起义；淳熙年间，陈峒、李晞暴动，其势力扩展至周围十余州县。在辛弃疾来湖南之前不久，这里还发生过一场动乱。朝廷之所以调辛弃疾来这里任职，便是为了解决大乱之后的稳定问题。

陈峒叛乱发生后，朝廷立即命令湖南安抚使王佐平叛。王佐字宣子，是宋高宗绍兴十八年（1148）状元。他为官清正，所仕之处皆以德政闻名。应王佐要求，朝廷又调拨荆鄂军队供他差遣。同时，王佐又在当地民众中招募八百余人。在各地军民的合力围剿之下，叛乱被平息，陈峒被杀。

叛乱平息后，朝廷论功行赏，他由集英殿修撰晋升为显谟阁待制。王佐被朝廷封赏，辛弃疾写了首《满江红·贺王帅宣子平湖南寇》，以表祝贺：

笳鼓归来，举鞭问、何如诸葛？人道是、匆匆五月，渡泸深入。白羽风生貔虎噪，青溪路断猩鼯泣。早红尘、一骑落平冈，捷书急。

三万卷，龙头客。浑未得，文章力。把诗书马上，笑驱锋镝。金印明年如斗大，貂蝉却自兜鍪出。待刻公、勋业到云霄，浯溪石。

这首词本是辛弃疾为庆贺王佐晋升所写，在词中，辛弃疾将其比作诸葛亮，称赞他的文韬武略，不承想却引来一场风波。原来，在平定叛乱的过程中，王佐曾纵兵屠戮起义军。南宋词人周密在《齐东野语》中记载，王佐在读到"金印明年如斗大，貂蝉却自兜鍪出"句时，以为辛弃疾是讽刺他滥杀无辜，以换取功名富贵。其实，辛弃疾自己本是行伍出身，志向亦是投身疆场，收取河山。对他来说，刀剑饮血是寻常之事。显然，为庆贺而作的这首词，绝无讽刺之意。

盗贼四起，必有其因。辛弃疾赴任后，立即展开调查。经多方明察暗访后，他又仔细分析，然后上疏朝廷，陈述了自己的看法。淳熙六年（1179）七月，辛弃疾向孝宗上疏《论盗贼札子》。《宋史·辛弃疾传》中记载：

盗连起湖湘，弃疾悉平之。

遂奏疏曰："今朝廷清明，比年李全、赖文政、陈子明、陈峒相继窃发，皆能一呼啸聚千百，杀掠吏民，死且不顾，至烦大兵翦灭。良由州以趣办财赋为急，吏有残民害物之政，而州不敢问，县以并缘科敛为急，吏有残民害物之状，而县不敢问。田野之民，郡以聚敛害之，县以科率害之，吏以乞取害之，豪民以兼并害之，盗贼以剽夺害之，民不为盗，去将安之？夫民为国本，而贪吏迫使为盗，今年剿除，明年划荡，譬之木焉，日刻月削，不损则折。欲望陛下深思致盗之由，讲求弭盗之术，无徒恃平盗之兵。申饬州县，以惠养元元为意，有违法贪冒者，使诸司各扬其职，无徒按举小吏以应故事，自为文过之地。"诏奖谕之。

在这封奏书中，辛弃疾分析，之所以盗贼四起，主要是因为：一方面赋税繁重，难以承受；另一方面地方官吏巧立名目，横征暴敛，压迫欺凌百姓，无所不用其极。百姓生活因此水深火热，而朝廷又对地方官暴行不闻不问。百姓苦难无处诉说，只好去做盗贼，甚至聚众起义。

他说，国以民为本。而真实的情况是，无数黎民百姓活在苦难之中，如田间野草，无人问津。他说，州府聚敛财富，县府搜刮民膏，官吏肆意盘剥，豪强兼并土地，盗贼烧杀抢掠，凡此种种，黎民百姓只能默默承受。

在分析原因后，辛弃疾提出了自己的建议。他认为，应该从长远角度考虑，从根本上解决问题，使盗贼不再出现，而不是仅仅依靠武力来剿除。也就是说，解决盗贼问题，要以疏为主，以堵为辅。

辛弃疾指出，要使盗贼减少，必须先安定黎民。为此，必须大刀阔斧，严惩违法贪腐官员，而不是只做做表面文章，敷衍了事。当然，惩治贪腐，绝非小事。各级官员利益盘根错节，牵一发而动全身。或许，惩治一个品级低微的小官，得罪的却是朝廷大员。因此，反贪之事，很多官员唯恐避之不及。

而辛弃疾为了朝廷社稷，为了黎民百姓，愿意挺身而出。他在《论盗贼札子》中写道："臣孤危一身久矣，荷陛下保全，事有可为，杀身不顾。况陛下付臣以按察之权，责臣以澄清之任，封部之内，吏有贪浊，职所当问，其敢癏旷以负恩遇？自今贪浊之吏，臣当不畏强御，次第按奏，以俟明宪。庶几荒遐远徼，民得更生，盗贼衰息，以助成朝廷胜残去杀之治。"

这份奏书上呈以后，宋孝宗极为重视，他亲自批复："行其所知，无惮豪强之吏。"显然，辛弃疾关于惩治贪腐、减轻百姓负担的建议是切实可行的。因此，宋孝宗在批复中，肯定了辛弃疾的看法，同时也给了他很大的支持。

他是醉吟风月的辛弃疾。

但他的心里，除了湖山风月，还有社稷民生。

为此，他无惧风雨，亦无惧生死。

八月，辛弃疾由湖南转运副使升为潭州知州兼湖南安抚使。据《宋史·辛弃疾传》载："寻知潭州兼湖南安抚。"宋孝宗特别下诏，鼓励辛弃疾整顿吏治。无疑，这是辛弃疾大显身手的好机会。上任之后，辛弃疾惩治了一批贪官污吏。

当时的湖南，由于官府盘剥、盗贼抢掠，又逢水旱灾害，百姓十分困苦。辛弃疾到任后，立即着手赈灾。据《宋会要·食货》载，辛弃疾上奏朝廷，希望用官仓的粮食，来招募百姓修筑陂塘。朝廷认为，此举既能使官米惠及百姓，又兴修了水利，缓解了灾荒，有利于以后的耕作，因此同意了辛弃疾所请。其后，永州、邵州、郴州亦逢饥荒。辛弃疾经奏请朝廷批准，将前任王佐所聚敛囤积的十万石粮食用以赈济三州灾民。

然后，他开始着手整顿乡社。当时，地方豪绅都有自己的武装，称乡社。很多乡社以维持当地秩序为由，肆意盘剥和欺压百姓，有些势力较大的乡社甚至敢于和官兵对抗。朝廷中很多官员认为，对于乡社，应当予以强行取缔。

深思熟虑后，辛弃疾对乡社采取分解分化、严格控制的方法，削弱其实力。具体办法是：首先，缩小乡社规模，规定每个乡社统领户籍不超过五十家；其次，明确隶属关系，规定乡社受官府管控，其首领须由官府任命；第三，收缴乡社兵器。经过一番治理，乡社侵害百姓的事情越来越少。

笔落春秋，心忧天下，这就是辛弃疾。

功名富贵，他都不屑。唯有苍生，让他始终牵念。

身为父母官，就要为民请命，这是他的态度。

湖南是汉族和少数民族杂居的地方，当时少数民族经济和文化都很落后。针对这种情况，辛弃疾于淳熙七年（1180）夏，在峒民集中的郴州宜章县、桂阳军临武县设立学校，以教化民风，使汉族文化逐步被少数民族认同。此举对民族融合有很大促进作用。

另外，在潭州任上，辛弃疾还创建了飞虎军。关于此事，《宋史·辛弃疾传》中有详细记载。宋代兵制中，有禁军、厢军、乡兵的区别。其中，禁军和厢军皆由朝廷招募而来。禁军驻守京师或驻防边境。厢军为地方兵，主要责任是镇压民众暴动。乡兵又称团练，属于民兵性质。由于缺乏管理和训练，厢军大都孱弱。这样的军队，毫无战斗力。

因此，辛弃疾上疏朝廷，请求重建厢军，招募青壮年入伍，更新装备，加强操练，锻造一支精锐的飞虎军。这样的军队，既能维护治安，也能抵御外敌。未久，宋孝宗批准了辛弃疾的建议。

辛弃疾很快就开始筹建飞虎军。他立即招兵买马，招募步兵两千，骑兵五百，还在当地购买了兵器。由于湖南本地不产军马，辛弃疾命下属从广西购买了五百匹战马。同时，他奏请朝廷下诏广西安抚使，令其每年代买三十匹战马，以补充军用。准备就绪后，辛弃疾对飞虎军进行严格训练，使其很快步入了正轨。

建设军营时，正值梅雨天气，砖瓦烧不出来。辛弃疾动员百姓，每家交二十块砖瓦，以一百文价格购买，但必须于两日内送至工地。用这个办法，很快就筹集了二十万块砖瓦。至于所需石料，辛弃疾则调配囚犯到山上开采。为了筹措费用，辛弃疾将湖南原来实行的"税酒法"改为"榷酒法"，也就是由原来的酒商售酒交税，改为官府专卖。

原本，创建飞虎军，是有利于社稷的事情。但是，或许触及到了某些官员的利益，不久之后，辛弃疾就受到了一些朝臣的指责和弹劾。这些人说，厢军作为地方军队，不宜过于强大；他们还说，辛弃疾建设飞虎军，是为了聚敛民财，谋取私利。

很快，诋毁和指责就有了效果。宋孝宗下"御前金字牌"给辛弃疾，要他立刻停止新军草创，以查核实情。辛弃疾不甘心半途而废，对于孝宗的命令，他受而不办，将金牌藏起来，不告诉下属。同时，他命令下属，加快进度。飞虎军建成后，辛弃疾将收支账目呈送朝廷，以证清白。

飞虎军建成后，湖南境内的治安得到了极大的改善。而且，此后数十年，这支军队始终是长江沿岸的一支重要防御力量，被金人称为"虎儿军"。

奔忙之后，辛弃疾坐下来，与时光对酌。

可以坐卧山水，可以叱咤风云，这就是辛弃疾。

只是，望向北方的时候，他总会悲伤。

## 卷四：归去山水间

　　浮生若梦，我们可以登山临水，也可以居于自己心里，修篱种菊，饮酒写诗。

　　与清风明月厮守，共锦瑟华年。

### 儒冠多误身

　　诗里说，世事短如春梦。

　　山河远阔，足迹所至，皆是天涯。

　　幸好，还有解愁之事，比如诗酒风月，比如山河故人。

　　世间之人，不过是你路过我，我路过你。把酒言欢，同游陌上，终有结束之时。正所谓，天下没有不散的筵席。很多路，我们必须独自走过。自然，路上的荆棘和风雨，也必须独自承受。不过，红尘万丈，处处天涯，也可说处处风景。山水云月，草木星河，始终在路上，不远不近。若能与之把盏倾谈，便能于孤独中得几分快意悠然。

　　淳熙七年（1180）八月，湖南的漕试（州县科举）在潭州举行。有人举报，在漕试过程中有舞弊现象。辛弃疾亲自复查考卷，发现这个通过营私舞弊而盗取功名的人名为赵鼎。于是，辛弃疾怒斥道：

"佐国元勋，忠简一人，胡为又一赵鼎！"说完，将赵鼎的考卷扔在了地上。

辛弃疾所说的佐国元勋赵鼎，字元镇，号得全居士。崇宁五年（1106）登进士第，累官洛阳令。绍兴年间，两度任宰相，任内推崇洛学，巩固政权，号称"小元祐"。后为秦桧构陷，被迫辞去相位。绍兴十七年（1147），受秦桧陷害，绝食而逝。宋孝宗即位后，获赠太傅、丰国公，谥号"忠简"。

其后，辛弃疾又查阅其他考卷，发现一篇文章颇富文采，赞叹道："观其议论，必豪杰士也，此不可失。"打开封印，考卷署名为赵方。此次漕试之事，在《宋史·辛弃疾传》中有详细记载。

淳熙八年（1181），赵方进士及第，历任蒲圻县尉、青阳知县、随州知州等职。宋金议和后，各地武备松弛，只有赵方招兵择将，积极备战。病重时仍致书宰相，商论疆场大计。《宋史》称其"许国之忠，应变之略，隐然有俎樽折冲之风"。辛弃疾果然没看错人。

在湖南任上，为了黎民之事，辛弃疾始终不辞心力，称得上大有所为，政绩卓著。尽管如此，对他的指责和非议却从未停止过。因此，在为百姓能安居乐业而欣慰的同时，他的心中也常有愁闷。暮春时节，他写了首《满江红》：

可恨东君，把春去春来无迹。便过眼、等闲输了，三分之一。昼永暖翻红杏雨，风晴扶起垂杨力。更天涯、芳草最关情，烘残日。

湘浦岸，南塘驿。恨不尽，愁如织。算年年辜负，对他寒食。便恁归来能几许，风流已自非畴昔。凭画栏、一线数飞鸿，沈空碧。

恨不尽，愁如织。

很难想象，豪放的辛稼轩，也有如此愁苦之时。

他说，风流已自非畴昔。宦海浮沉多年，终是功业难成，夙愿难了。遥望河山，仍是一片破败。而他自己，多年以后，再不复从前的风流快意。他一心为民，却总有人搬弄是非。这些，都让他苦闷不已。

这一年，辛弃疾尽自己所能，重新刊行了已故好友周孚的《蠹斋铅刀编》。周孚于淳熙四年（1177）离世。为亡友刊行作品，辛弃疾甚觉欣慰。只是，忆起当年把酒同游情景，极是凄凉。

此后，日子仍在无声地流走着。

辛弃疾手中清风明月，心里愁肠百结。

一天，在耒阳道上，偶遇故人张处父，他作了首《阮郎归·耒阳道中为张处父推官赋》：

山前灯火欲黄昏，山头来去云。鹧鸪声里数家村，潇湘逢故人。
挥羽扇，整纶巾，少年鞍马尘。如今憔悴赋《招魂》，儒冠多误身。

这首词，上阕描绘偶遇故人的自然背景，暮色渐沉，灯火昏暗，隐约可见张处父平淡艰辛的退居生涯。下阕回顾友人少年的戎马生涯，羽扇纶巾，风流潇洒。结尾转入当前，显见仕途沦落，心境悒郁。

杜甫《奉赠韦左丞丈二十二韵》中有"纨绔不饿死，儒冠多误身"句，辛弃疾在此化用他的诗句，表达自己屡遭排斥，频繁调任，无法施展抱负的愁闷心情。

淳熙七年（1180）冬，辛弃疾被调任隆兴知府兼江西安抚使。在宋朝，为了防止地方官坐大，形成割据势力，规定地方官任职不超两年。因此，辛弃疾在湖南任职仅一年有余，便被朝廷调离。这个官职，辛弃疾已是第二次出任。不同的是，此时辛弃疾还被加封右文殿修撰。

冬天，辛弃疾离开湖南，来到了江西。这年前后，江浙、淮西、湖北等地发生了严重的旱灾。江西境内，百姓流离失所，民生凋敝。朝廷在给辛弃疾的调令中明确提出，他的任务便是治理灾荒，安抚黎民。《宋史·辛弃疾传》中载："加右文殿修撰，差知隆兴府兼江西安抚。时江右大饥，诏任责荒政。"

百姓罹难，辛弃疾极是心痛。因为之前已在江西任职两次，他对于这里的风土人情十分熟稔。甫一上任，他就开始了赈灾工作。面对饥荒引起的混乱，他在隆兴府境内的大街小巷张贴告示。上面只有简单的八个字：闭粜者配，强籴者斩。

正所谓，非常时期，须用非常手段。告示所写，是对买卖双方采取的强硬措施，意思是说，凡屯粮不售者，发配偏僻贫瘠之地；凡抢劫粮食者，一律斩首。这两条措施，既缓解了缺乏粮食的状况，也保证了救灾工作能够有条不紊地进行。

其后，辛弃疾下令取出官府钱财银器，作为购粮之资，又挑选才德兼备之人前往丰收州县购粮，然后回到隆兴府出售。不久后，隆兴府粮价回落，百姓生计问题得以解决。仅用了一个月时间，辛弃疾就让隆兴的灾情得到极大缓解，民生逐步稳定。

果敢勇决，雷厉风行。

处理许多事务，辛弃疾皆是如此，绝不拖泥带水。

他有一颗爱民之心，而且决断能力少有人能出其右。无论是政治上、军事上，抑或是经济上，他都可以笑傲天下。可惜，这样的辛弃疾，生在一个志气全无的时代。不过，身为地方官员，能够造福黎民，他足可无愧于心。

那时候，隆兴附近的信州（今江西上饶）也深受灾荒之苦。信州知府谢源明向辛弃疾求助，想借粮赈灾，隆兴府其他官员表示反对，认为粮食存储不足，不该出借。然而辛弃疾心系苍生，说道："均为赤子，皆王民也。"意思是，世间之人，皆是天子子民，不该有地域之别。于是，辛弃疾将十分之三的粮食拨给信州，解了信州的燃眉之急。关于赈灾之事，《宋史·辛弃疾传》中也有详细记载。

身在隆兴，滕王阁是不能不去的。偶尔，辛弃疾也会觅得闲暇，前往滕王阁，登楼远眺，极目大江。滕王阁地处赣江东岸，为豫章古文明之象征，为唐太宗之弟滕王李元婴任江南洪州都督时所修。滕王阁与岳阳楼、黄鹤楼并称为"江南三大名楼"。

当年，王勃来到这里，留下了一篇《秋日登洪府滕王阁饯别序》，即《滕王阁序》，还留下《滕王阁》一诗。他在诗中写道："阁中帝子今何在？槛外长江空自流。"此后，文人墨客纷纷来此，登高望远，凭栏赋诗，极是风雅。而现在，辛弃疾放下俗务，登上了滕王阁。只是，此时的滕王阁不见从前的文人墨客，只有无尽的江水，连着千古的风流和寂寞。同样的登楼远眺，辛弃疾的心境自与别人不同。他写了首《贺新郎·赋滕王阁》：

> 高阁临江渚。访层城、空余旧迹，黯然怀古。画栋珠帘当日事，不见朝云暮雨。但遗意、西山南浦。天宇修眉浮新绿，映悠悠潭影长如故。空有恨，奈何许。
>
> 王郎健笔夸翘楚。到如今、落霞孤鹜，竞传佳句。物换星移知几度，梦想珠歌翠舞。为徙倚阑干凝伫。目断平芜苍波晚，快江风一瞬澄襟暑。谁共饮？有诗侣。

登楼怀古，满心黯然。

毕竟，千古风流，终会归于尘土。

幸好，当年的风雅之事，如今还在继续。

辛弃疾说："谁共饮？有诗侣。"他的确曾在滕王阁与好友临风把盏，倾谈赋诗。据《随隐漫录》记载，辛弃疾在滕王阁与好友畅饮，诗人胡时可求见，却被辛弃疾属下拦住。辛弃疾走过去说："你既然自称诗人，先赋诗于此，若有佳句便请入座。"

胡时可朗声吟道："滕王高阁临江渚。"众人大笑，因为这句是王勃《滕王阁》一诗首句。然后，胡时可接着吟道："帝子不来春已暮。莺啼红树柳摇风，犹是当年旧歌舞。"辛弃疾见他才华不菲，便请入座。

那日，把盏临风之情景，一如从前。

凭轩远眺，临流赋诗。几杯薄酒，十分醉意。

所谓风雅，便是如此。

## 不妨风雨破吾庐

此时，辛弃疾还在江西安抚使任上，忙碌中亦有闲情。据谢采伯《密斋笔记》记载，时为县令的许及之向辛弃疾投诗二十韵，诗中写道："执鞭吾所慕，负弩敢驱前。"许及之为隆兴元年（1163）进士，后来在韩侂胄当权时官至同知枢密院事。辛弃疾欣赏许及之的才华，曾与他踏雪寻梅，不失为一段佳话。

淳熙八年（1181）秋，江西转运判官张仲固被任命为兴元（今陕西汉中）知府。辛弃疾设宴饯行，与之把酒言欢。酒宴之上，说起朝廷之事，不胜感慨。辛弃疾写了首《木兰花慢·席上送张仲固帅兴元》：

> 汉中开汉业，问此地、是耶非？想剑指三秦，君王得意，一战东归。追亡事、今不见，但山川满目泪沾衣。落日胡尘未断，西风塞马空肥。
> 一编书是帝王师，小试去征西。更草草离筵，匆匆去路，愁满旌旗。君思我、回首处，正江涵秋影雁初飞。安得车轮四角，不堪带减腰围。

报国无门，光复无望。

对辛弃疾来说，这永远是一块心病。

当年，刘邦从汉中率军出发，直指关中，将踞守关中的秦三将章邯、司马欣和董翳相继击溃。事实上，在宋高宗即位之初，李纲等人也曾主张在汉中建立行都，出击金军。而如今，朝廷偏安，文恬武嬉，国事衰微，毫无复兴迹象。而金人的铁骑仍在大宋的土地上肆意驰骋。辛弃疾这样的血性男儿，只能暗自悲伤，泪下沾衣。

下阕中，从对家国之事的悲伤，写到了眼前正在经历的离别。离别在即，满腹离愁无法化解，于是辛弃疾说，真希望车轮能在一夜之间生出四角，使张仲固因无法离开而多停留几日。可是，这只是他的一厢情愿。离别之后，他注定要在对友人的思念中，日渐消瘦。

一别之后，关山难越。

可是，注定的离别，谁都无法避免。

说到底，人生不过是，我路过你，你路过我。

聚散离合多了，故事才越来越丰满。

那年秋天，江陵知县赵景明调任，经过隆兴，辛弃疾设宴款待，以一首《沁园春·送赵景明知县东归再用前韵》相赠，其中写道："锦帆画舫行斋。怅雪浪粘天江影开。记我行南浦，送君折柳，君逢驿使，为我攀梅。落帽山前，呼鹰台下，人道花须满县栽。"虽是为离别而作，仍带着几分疏疏落落的潇洒。

淳熙八年（1181）七月，辛弃疾的好友吕祖谦去世。

吕祖谦比辛弃疾年长三岁，辛弃疾对他的人品及才情都十分钦慕。吕祖谦去世后，辛弃疾在悲伤之余，为好友写了篇祭文，其中写道："弃疾半世倾风，同朝托契，尝从游于南轩，盖于公而敬畏。"

由此可见，辛弃疾与吕祖谦私谊非同一般。遗憾的是，在现存的吕祖谦所有作品中，并无与辛弃疾交往的记载。

人生聚散，只如云卷云舒。

无数次生离死别之后，我们往往只剩自己。

而路，还在前方，等着我们携影而行。

那些年，无论是平定叛乱还是赈济灾民，抑或是修桥铺路，造福黎民，辛弃疾都可谓尽心竭力。尽管如此，朝廷中对他的指责从未停止。那些年的辛弃疾，从最初的江阴签判，到淳熙六年的湖南安抚使、淳熙七年的江西安抚使，说得上官路亨通。正如古人所言，木秀于林，风必摧之，他升迁越快，面临的嫉妒就越多。

淳熙八年（1181）秋，因为赈灾救荒有功，辛弃疾得孝宗嘉许，官阶由宣教郎提升为奉议郎。《宋史·辛弃疾传》载："帝嘉之，进一秩。"然而，春风得意的背后，是辛弃疾无处摆放的愁闷。他要的，不是扶摇而上，睥睨天下。他不想立在绝顶，看到的却是一片残破的河山。而且，在辛弃疾奔忙于黎民社稷之事时，对他的诽谤却是此起彼伏。

辛弃疾豪放旷逸，率真耿介。他行事果决，不徇私情，因此树敌颇多。很显然，光明磊落如他，与官场的尔虞我诈是格格不入的。在对他十分赏识的叶衡罢相以后，他在仕途上几乎是踽踽独行。宋孝宗也欣赏辛弃疾，因此委以重任。但这份欣赏，敌不过百官的指责和挑唆。

对于辛弃疾的处境，朋友们很是担忧。陆九渊《象山集》中有《与辛幼安书》，就是他写给辛弃疾的书信。在信中，陆九渊告诫辛弃疾，要收敛性格，谨言慎行。他自是一番好意，不过，倔强耿直的辛弃疾依然我行我素。终于，他遭到了致命一击。

这年十一月，辛弃疾改除两浙西路提点刑狱公事。然而，还未上任，他就遭到言官王蔺的弹劾，并因此落职。《宋会要·职官》载："淳熙八年十二月二日，右文殿修撰、新任两浙西路提点刑狱公事辛弃疾落职新任。以弃疾奸贪凶暴，帅湖南日虐害田里，至是言者论列，故有是命。"

为了加强对各级官员的监督，宋代设立谏官、言官。这些人可以直接向皇帝谏言。而其职责，就是找寻各级官员的错误。王蔺因为敢于直谏，被孝宗任命为监察御史，充任言官。对于辛弃疾果决独断的行事作风，王蔺极不认同。因此，上任之后，王蔺就开始多方搜集辛弃疾的"不法证据"，最终写成了一份言辞激烈的奏书。

在奏书中，王蔺说辛弃疾奸贪凶暴、虐害田里，杀人如草芥。也就是说，辛弃疾这个人，善于投机取巧，结党营私；任地方官时，中饱私囊，暗吞朝廷财物；而且，他性格残暴，草菅人命。辛弃疾行事果决，惩治贪官，平定叛乱，从不手软，如秋风扫落叶。而这些，在王蔺的奏书中，被说成了凶残暴虐，毫无人性。

王蔺说辛弃疾"凭陵上司"，就是不把上级官员放在眼里；王蔺还说辛弃疾"用钱如泥沙"。筹建飞虎军的过程中，的确花费巨大，却也是必然之事。但这些事，都成了弹劾辛弃疾的理由。自然，辛弃疾爱民如子、心忧天下的那一面，王蔺只字未提。

　　结果，一纸捕风捉影的奏书，让辛弃疾的仕途中断了。宋孝宗虽然欣赏辛弃疾，在此之前已经为他挡了许多明枪暗箭，但是言官如此言辞激烈地弹劾辛弃疾，他无法继续护佑。为了给朝臣一个交代，孝宗只得将辛弃疾罢官，而且削去了他右文殿修撰的官衔。

　　一心为社稷黎民着想，却遭受弹劾，继而被罢官，辛弃疾的苦闷可想而知。可是，他的心情无处诉说。数年之后，辛弃疾闲居带湖之畔，当年飞虎军中的部属前来拜访，辛弃疾写了首《送别湖南部曲》，才将当年被贬时的心境道了出来：

　　青衫匹马万人呼，幕府当年急急符。
　　愧我明珠成薏苡，负君赤手缚於菟。
　　观书老眼明如镜，论事惊人胆满躯。
　　万里云霄送君去，不妨风雨破吾庐。

　　关于这首诗，刘克庄在《后村诗话》中说："辛稼轩帅湖南，有小官山前宣劳，既上功级，未报而辛去，赏格未下。其人来访，辛有诗别之云云。"原来，这位部下赤手缚虎，立了功劳，但辛弃疾此时却受弹劾去职，以致部下没有得到应得的赏赐。

　　第三句用"薏苡明珠"这个典故，表明自己的去职，是因为遭受别人的诬谤，正像东汉马援当年南征交趾归来，载回一车薏米种子，被人诬枉成带回一车明珠一样。

　　他说"论事惊人胆满躯"，或许，此时的辛弃疾已经明白，自己仗义执言、无所畏惧的性格，和雷厉风行、耿直率性的处事风格，正是他被弹劾从而落职的原因。然而，天性如此，他不愿改变。

"万里云霄送君去，不妨风雨破吾庐。"即使自己遭受政治上的挫折，受尽风雨飘零之苦，辛弃疾也仍旧希望被送的下属能有个灿烂的前程。杜甫诗云："吾庐独破受冻死亦足。"光明之心，一般无二。

不管怎样，正值春风得意之时突然被罢官，辛弃疾定是无比愤懑。可也没办法，身为人臣，只能受命于君王。当年，岳武穆手握重兵，也不得不接受调遣，最终被诬构而惨死。而辛弃疾，势单力薄，孤身作战，一腔热血，两袖清风，落得罢官的结局，他也只能将苦楚咽下，继续生活。

## 稼轩居士

人生的姿态，有很多种。

过关斩将、建功立业，是人生。

吟风弄月、煮雪煎茶，也是人生。

生于人世，总要为理想和抱负四方奔走。只是，很多人为了所谓抱负，陷入名利樊笼，无法自拔。于是，山水草木、烟雨斜阳，都不见踪影。其实，风景常在，只是少了赏景之人罢了。而暂时放下俗事，坐卧云水，会独得几分悠然。如此，也算不负流年似水几个字。不管怎样，活在人间，忙要忙得有价值，闲要闲得有滋味。

浮名虚利，几如樊笼。可是，少有人看淡名利之事，跳出繁华，直面山水。

一张琴、一壶酒、一溪云。

行到水穷处，坐看云起时。这才是诗人该有的姿态。

辛弃疾，可以纵横天下，却也是钟情山水之人。

那些年，仕途看似得意，却也是暗流涌动，加之夙愿难了，辛弃疾早有了隐退之心。在很多词里，他都表达了归去山水之间的愿望。比如，在与王正之的唱和中，他写过一首《水调歌头·和王正之右司吴江观雪见寄》：

造物故豪纵，千里玉鸾飞。等闲更把，万斛琼粉盖玻璃。好卷垂虹千丈，只放冰壶一色，云海路应迷。老子旧游处，回首梦耶非。

谪仙人，鸥鸟伴，两忘机。掀髯把酒一笑，诗在片帆西。寄语烟波旧侣，闻道筼鲈正美，休制芰荷衣。上界足官府，汗漫与君期。

据《淮南子·道应训》载，卢敖遇一人，自称"与汗漫期于九垓之外"，竦身入云而去。后来，人们便用"汗漫期"表达遨游世外的心愿。对是非波折不断的官场渐生厌倦，辛弃疾便开始向往烟雨湖山。他也想如李太白那样，来去飘洒；他也想与鸥鸟为伴，将世间机巧之事尽数忘却。

事实上，辛弃疾已为归隐做好了准备。淳熙七年（1180），辛弃疾赴任江西安抚使。其后不久，他便前往信州，在城北购置了一块地，并于淳熙八年（1181）初开始着手修筑房舍。

上饶历史悠久，山川秀美，是难得的宜居之地。上饶位于长江南岸，西临龙虎山，南抵武夷山，北眺黄山，境内有三清山、龟峰等风景名胜，历代文人墨客往来不绝。唐代陆羽曾在这里撰写《茶经》，宋代朱熹曾多次来此游赏和讲学。

在辛弃疾购地之处，有一个湖，水光潋滟，澄澈见底，如宝镜镶嵌于天地之间。辛弃疾为之取名"带湖"。从此，这个原本无人知晓的湖，有了自己的名字，也有了自己的故事。

它的故事，便是那旷世文豪的故事。

辛弃疾的悲欢离合，便由这寂静的湖水照看着。

湖水清澈，一如词人的心。

根据带湖的山形地貌，辛弃疾亲自设计了新居格局，就是高处建舍，低处辟田。浪迹多年，他始终没有安定之所，此时终于择定地方，修建寄身之处，辛弃疾十分上心。带湖新居上梁时，辛弃疾亲自写了《新居上梁文》。他在文中写道：

"百万买宅，千万买邻"，人生孰若安居之乐；一年种谷，十年种木，君子常有静退之心。久矣倦游，兹焉卜筑。

稼轩居士，生长西北，仕宦东南。顷列郎星，继联卿月。两分帅阃，三驾使轺。不特风霜之手欲龟，亦恐名利之发将鹤。欲得置锥之地，遂营环堵之宫。虽在城邑阛阓之中，独出车马尘嚣之外。青山屋上，古木千章；白水田头，新荷十顷。亦将东阡西陌，混渔樵以交欢；稚子佳人，共团栾而一笑。梦寐少年之鞍马，沉酣古人之诗书。虽云富贵逼人，自觉林泉邀我。望物外逍遥之趣，"吾亦爱吾庐"；语人间奔竞之流，"卿自用卿法"。

青山绿水，烟村茅舍。

渔樵来去，鸥鸟相随。

有花有月，有诗有酒。

这就是辛弃疾向往的生活。

混迹于仕途，远不及寄身林泉来得自在。

淳熙八年（1181）秋，带湖新居建成，辛弃疾兴奋地写了首《沁园春·带湖新居将成》。很显然，对于辞官归隐，他早有打算。纷争不息的官场太过乏味，也让他身心俱疲。既然如此，不如退向林泉之间，与山水草木为邻。

三径初成，鹤怨猿惊，稼轩未来。甚云山自许，平生意气；衣冠人笑，抵死尘埃。意倦须还，身闲贵早，岂为莼羹鲈脍哉。秋江上，看惊弦雁避，骇浪船回。

东冈更葺茅斋。好都把轩窗临水开。要小舟行钓，先应种柳；疏篱护竹，莫碍观梅。秋菊堪餐，春兰可佩，留待先生手自栽。沉吟久，怕君恩未许，此意徘徊。

词写得清雅脱俗，让人爱不释手。

放下刀剑，拾起诗笔，他便是流连山水的词人。

三径，代指隐居之处。陶渊明《归去来兮辞》中有"三径就荒，松菊犹存"句。由于俗事牵绊，新居建成时，辛弃疾无法立即前往。于是他说，归隐的田园刚刚建成，带湖的仙鹤及老猿都在埋怨其主人迟迟不至。

他说，退隐林泉本是平生志趣，怎能混迹仕途，受尽嘲弄和倾轧？他说，辞官归隐，只为远离羁束，自得清闲，并非为了莼羹鲈脍。在这里，辛弃疾暗示了他与南宋统治集团之间的矛盾已到了不可调和的程度，并表明了自己的磊落胸怀。

词的下阕，主要写他对未来生活的设想。他想要的，是茅庐竹径，小巷花开；他想要的，是东篱把酒，扁舟垂钓。因此他设想，在东冈上盖一座茅屋做书斋，门窗要临湖而开；湖畔要种上柳树，如此，泛舟湖上才更有意趣；要修筑篱笆，以保护翠竹。但同时，这篱笆不能妨碍观梅。

无疑，修篱种菊，饮酒读书，便是辛弃疾向往的生活。不过，他在结尾写道："沉吟久，怕君恩未许，此意徘徊。"意思是，这辞官隐退的愿望，只怕皇帝不允。

然而，一纸罢官诏书，将他送到了带湖。

辛弃疾为带湖新居取名"稼轩"，自号"稼轩居士"。《宋史·辛弃疾传》载："尝谓'人生在勤，当以力田为先。北方之人，养生之具不求于人，是以无甚富甚贫之家。南方多末作以病农，而兼并之患兴，贫富斯不侔矣'，故以'稼'名轩。"

陶渊明在《归去来兮辞》中写道："归去来兮，请息交以绝游。世与我而相违，复驾言兮焉求？悦亲戚之情话，乐琴书以消忧。农人告余以春及，将有事于西畴。或命巾车，或棹孤舟。既窈窕以寻壑，亦崎岖而经丘。木欣欣以向荣，泉涓涓而始流。善万物之得时，感吾生之行休。"

　　了断俗事，归去田园。躬耕于大地，寄身于山水，偶尔读书轩下，偶尔泛舟湖上，日子就在诗酒中悠然自得。陶渊明喜欢这样的生活，辛弃疾亦是。罢官之后，辛弃疾将家眷接到信州，搬入新居，开始了带湖的隐居生活。

　　结束了宦游，远离了纷扰，日子终于变得悠然快意。

　　山河草木，世事沧桑，均在沉默不语的诗里。

　　看这豪放的词人，把盏篱下，悠然度日。

　　将悲欢离合，料理成一壶风月。


## 带湖买得新风月

　　时光无形。

　　可以积压在名利场上，可以沉淀在酒杯里。

　　可以寄存于浮华处，亦可以安放于云水间。

　　有生之年，我们属于时光；反过来，时光亦属于我们。我们与时光一路同行，形影不离。走了很远，终于发现，时光从不老去，老去的是我们。不知不觉，白衣胜雪少年，已是满头白发。尽管如此，我们仍要携着时光继续前行，直到最后。

　　四十二岁，当年那个意气风发的少年，如今只剩满心愁闷。但他只能将这愁闷藏起，带着一份"安能摧眉折腰事权贵，使我不得开心颜"的心情，去到山水之间。他是个性情中人，与田园山水最是相投。对他来说，那是悠然的归去。

隐居的画卷里，有无数醉意翩跹的身影，比如商山四皓、竹林七贤，比如垂钓江畔的严子陵、植梅放鹤的林和靖。当然，还有采菊东篱下、悠然见南山的陶渊明。

现在，辛弃疾开始了他的隐居生活。他想如陶渊明那样，躬耕于大地，闲暇时停云待月，饮酒填词。如此，时光就会在他的手中，成为一首轻描淡写的诗。

带湖新居建成后，辛弃疾请好友洪迈作文以记。洪迈欣然答应，于是就有了那篇著名的散文《稼轩记》。

在《稼轩记》中，洪迈写道："此志未偿，因自诡放浪林泉，从老农学稼，无亦大不可欤。"意思是，壮志未酬，便归去林泉，虽无不可，却不免遗憾。因此，他又在后面写道："幸未鬒老时及见侯展大功名，锦衣来归，竟厦屋潭潭之乐，将荷笠棹舟，风乎玉溪之上。"洪迈是希望，辛弃疾能够以民族大业为重，在完成夙愿之后，再寄身山水。

其实，辛弃疾也是同样的想法。对于旧时文人，最理想的人生大概就是：考取功名，进入仕途，建功立业，然后退身林泉，诗酒寄余生。只不过这样的愿望，只有少数人能实现。至于辛弃疾，在仕近二十年，虽也有风光之时，却终是夙愿难了。好友用心良苦，他恐怕只能无奈地苦笑。

如今，辛弃疾已远离了官场纷争，他在带湖之畔住了下来。他的房舍，就在带湖对面。一排平房的旁边，另有一座两层的阁楼，辛弃疾为之取名雪楼。当年，苏东坡因乌台诗案被贬黄州，却以一颗豁达之心苦中作乐，过上了清淡而不失意趣的日子。他自号东坡居士，为自己的房舍取名雪堂。而现在，辛弃疾被朝廷罢官，隐居上饶。他自号稼轩居士，为阁楼取名雪楼。故事相似，时间却已过去了一百年。

当然，辛弃疾的处境要比当年贬居黄州的苏东坡好很多。他历任知州兼安抚使，俸禄优厚。他的带湖居处，其实就是一座别墅。花草树木、水榭亭台，应有尽有。行坐其间，满眼皆是风景。

日子，从喧嚷回到了寂静。

他的身边，从车水马龙变成了清风明月。

某日，他写了首《水调歌头·盟鸥》：

带湖吾甚爱，千丈翠奁开。先生杖屦无事，一日走千回。凡我同盟鸥鹭，今日既盟之后，来往莫相猜。白鹤在何处？尝试与偕来。

破青萍，排翠藻，立苍苔。窥鱼笑汝痴计，不解举吾杯。废沼荒丘畴昔，明月清风此夜，人世几欢哀？东岸绿阴少，杨柳更须栽。

"带湖吾甚爱。"欢喜溢于言表。

放眼带湖，宛如打开了翠绿镜匣，一片晶莹澄澈。

风景如此，他自是流连忘返。于是，闲居无事，他便拄杖纳屦，徜徉湖畔。那里，除了清幽的湖水，还有自在的鸥鸟。在古诗词中，往往以结邻鸥鸟来比喻闲云野鹤的生活。王维《积雨辋川庄作》中有两句"野老与人争席罢，海鸥何事更相疑"，其典出自《列子·黄帝篇》：海上有人与鸥鸟相亲近，互不猜疑。一天，父亲要他把海鸥捉回家来，他到海滨时，海鸥便飞得远远的，不再靠近。

辛弃疾对鸥鸟说，既然已经结盟，就应常来常往，不要再相互猜疑。他的意思是，自己绝无害鸟之心，望鸥鸟尽情栖游，无须担惊。文人有文人的心灵世界，在那里，山光水色、飞鸟虫鱼，皆可为知己。黄庭坚也曾在诗中写道："万里归船弄长笛，此心吾与白鸥盟。"结盟鸥鸟，其实就是放下俗心，将自己交给自然。

然后，辛弃疾又嘱咐鸥鸟，若得遇白鹤，也邀之前来。当年，林和靖植梅篱下，放鹤山中，日子甚是写意。辛弃疾也是相似的心性，隐居湖畔，既想观梅，亦想放鹤。

当然，与湖山鸥鸟为伴，固然清闲安逸，却也不免孤独。毕竟，辛弃疾是带着几分无奈和愤懑归隐田园的。词的下阕，他将这孤独明白地道了出来。他的一片结盟痴心，竟被鸥鸟嘲笑了。只因鸥鸟虽在不远处，却是为了窥鱼，伺机而啄，并未将他视为知己。于是他说，看来鸥鸟也不解他的悲喜。他只好举杯痛饮，浇胸中块垒。

不过，他也没有沉沦于孤寂。

至少，湖山风月、诗酒琴书不会负他。

其实，世间之人大都有隐居的念想。总有人说，他年定要放下俗事，去到山水之间，悠闲度日。然而，山水田园的日子，也不是谁都能消受的。临山近水，泛舟赏月，短时间自会因稀罕而欢喜。时日久了，稀罕过了，欢喜就会渐渐消退。

陶渊明归去田园，日子看似悠闲，实则很紧凑。他要忙碌于山野，采菊种豆；他要读书于北窗，阅尽古今；他要吟诗月下，笑看浮生；他要把酒篱前，满心陶然。当然，他也会弹琴于竹巷，自得其乐；也会泛舟于湖上，对酌渔樵。因为一颗诗心和满腹的才学，日子才能在清闲中丰盛。

辛弃疾的日子，亦是如此。

寂静之中，有闲趣，有风雅，亦有陶醉。

才学旷世，性情孤傲，他足以和湖山风月浅斟低唱。

罢官之前，他写过一首《菩萨蛮》，满纸悠然：

稼轩日向儿童说，带湖买得新风月。头白早归来，种花花已开。
功名浑是错，更莫思量着。见说小楼东，好山千万重。

辛弃疾本是剑气如虹的将军，立志收复关山。可惜，在一个偏安的时代，他渐渐明白，雄心壮志终将付诸东流。最终他无奈地退隐林泉，拾起诗笔，酬对湖山。

功名利禄，终会被岁月磨成齑粉。

只有江山风月，深情款款，始终不离不弃。

带湖之畔，辛弃疾独自坐着，几分寥落，几分悠然。

花开花谢，月圆月缺，恍如一场梦。

## 山花水鸟皆知己

岁月无际，沧海桑田。

世间物事，风流寂寞，终不过是一抹云烟。

与其四方奔走，不如寄身茅舍，流连于诗酒烟云。

南怀瑾说：三千年读史，不外功名利禄；九万里悟道，终归诗酒田园。对辛弃疾来说，归隐田园的生活，是照看山水，侍弄花木；是吟诵风月，聊对清樽。除此之外，此时妻儿在侧，也给了他极大的慰藉。他的《清平乐·村居》一词，清新自然，颇具山村生活闲趣。

茅檐低小，溪上青青草。醉里吴音相媚好，白发谁家翁媪？
大儿锄豆溪东，中儿正织鸡笼。最喜小儿亡赖，溪头卧剥莲蓬。

无疑，这是一幅栩栩如生的乡村风情画。

轻描淡写之间，一份闲适之情被勾勒了出来。

低矮的茅屋，潺潺的溪流，碧绿的青草，人们就在这恬静的画面里怡然自得。白发苍苍的翁媪安坐把酒，闲话桑麻，而此时，大儿子在溪东豆地里除草，二儿子在门外编织鸡笼，小儿子不谙世事，躺卧在溪边剥着莲蓬。山村的生活就是如此，平淡中不失趣味。

这样的生活，并非来自想象，而是辛弃疾亲历。村居的日子，处处可见闲情，时时皆有醉意。当然，生活越是恬静悠然，他就越希望山河完整，黎民安泰。或许，在享受安闲之时，他总会想起远方无数流离失所的百姓，然后突然间沉默。

但不管怎样，此时他身处的地方，确是静谧和安详的。他可以畅游山水，可以醉吟风月，也可以与邻人把盏闲谈，就如杜甫诗中所写："肯与邻翁相对饮，隔篱呼取尽余杯。"杜甫曾在四川成都郊外的浣花溪畔盖了一间草堂，闲居于此，他写过一首《江村》：

清江一曲抱村流，长夏江村事事幽。
自去自来堂上燕，相亲相近水中鸥。
老妻画纸为棋局，稚子敲针作钓钩。
但有故人供禄米，微躯此外更何求。

兴许是这样，杜甫在水边自斟自酌，而此时，妻子正在用纸描绘棋盘，小儿子则敲打着针做鱼钩。这画面让他诗意顿生，于是，悠然下笔，便有了这首诗。

同样的村居生活，豪放的辛弃疾，沉郁的杜甫，都寻得了闲逸。

村居的日子，散淡如水，清静如诗。事实上，平淡的生活，往往最有味道。此时的辛弃疾，有妻儿相伴，有山水相邻，可吟风赏月，可把酒填词，日子极是安恬。无疑，他是悠然的，亦是幸福的。

原本，幸福很简单。

无需广厦良田，无需香车宝马。

一颗心有地方安放，风雨不惊，便是幸福。

家人闲坐，灯火可亲，便是幸福。

人生，本是一场寂静的春华秋实。行走红尘，终需一份赏景的心情。心境安恬，处处皆是佳景。诗里说，春有百花秋有月，夏有凉风冬有雪。心若无所挂碍，山河草木、日月星辰皆可尽情玩赏。甚至，独走西风古道，也可立在山头，看大漠孤烟、长河落日。

春天，闲行陌上，像是走在画里。

某个春日，辛弃疾游走于田间小径，满心惬意。

回去之后，他写了首《鹧鸪天·代人赋》：

> 陌上柔桑破嫩芽，东邻蚕种已生些。平冈细草鸣黄犊，斜日寒林点暮鸦。山远近，路横斜，青旗沽酒有人家。城中桃李愁风雨，春在溪头荠菜花。

小径之侧，桑树柔软的新枝上绽出了嫩芽，东边邻居家的蚕种已孵出了小蚕。平坦的山岗上细草葱茏，小牛的身影掩映其中；夕阳西下时分，寒鸦聒噪于深林。青山隐隐，小径纵横，几户人家疏疏落落地点缀在山间。

那间飘着青布酒旗的茅舍，是卖酒的人家。兴许，辛弃疾来此，便是为了沽一壶酒，醉于山间。当年，李太白沽酒长安闹市，醉了便睡在酒家。豪放的辛弃疾也有醉卧酒家的经历。

其实，可以沽酒的地方并非只此一处。信州永丰城西二十里有一座博山，山峰远望如庐山香炉峰。此处山明水净，风景秀逸。清同治十一年（1872）所编纂的《广丰县志》载："博山，古名通元峰，在县西北二十余里，与鹤山对峙。唐天台韶国禅师建寺于此。"其寺名为博山寺。

辛弃疾常往博山游赏，在这里留下不少词作。他还在博山寺一侧建了"稼轩读书堂"。书堂前有一块奇石，形如笔架，后人称之为"笔架山石"。去往博山的路上，有一家王氏酒馆，辛弃疾总在这里歇脚。他写过一首《江神子·博山道中书王氏壁》：

> 一川松竹任横斜，有人家，被云遮。雪后疏梅，时见两三花。比着桃源溪上路，风景好，不争多。
> 旗亭有酒径须赊，晚寒些，怎禁他。醉里匆匆，归骑自随车。白发苍颜吾老矣，只此地，是生涯。

小径两旁，松竹横斜；云雾之中，隐约人家。

落雪之后，梅树上梅花稀疏。不过，辛弃疾并不在意。

于他，两三朵梅花，也是一片诗情。

词的下阕，写他流连山中，不知不觉天色已晚，只好向酒馆赊酒，带着几分醉意继续上路。最后感叹衰老，不甘心只是悠游山水，于闲适狂放中转出一缕英雄末路的悲凉。他是忧国忧民的辛弃疾，那份对山河百姓的深情始终存在。因此，村居的日子虽然清闲，他还是多有惆怅之时。一次，经过王氏酒馆，风雨交加，他只好借宿于此。那晚，他写了首《清平乐·独宿博山王氏庵》，感叹年华易老，壮志难酬：

> 绕床饥鼠，蝙蝠翻灯舞。屋上松风吹急雨，破纸窗间自语。
> 平生塞北江南，归来华发苍颜。布被秋宵梦觉，眼前万里江山。

有时候，辛弃疾也会夜宿博山寺，与寺中僧人倾谈佛法，纵论人生。世间之人，大都逃不过执着二字。来到人间，我们固然不能无所事事，庸碌终生，却也不能太执着于是非名利。有时候，只需退一步，便是天高云阔。在博山寺，辛弃疾曾作词《鹧鸪天·博山寺作》：

不向长安路上行，却教山寺厌逢迎。味无味处求吾乐，材不材间过此生。宁作我，岂其卿。人间走遍却归耕。一松一竹真朋友，山鸟山花好弟兄。

岁月，本在温暖与荒凉之间。

我们就在这样的岁月里，过着属于自己的生活。

有时意兴盎然，有时索然无味。

在这首词中，辛弃疾多处用典，以表达他不愿趋炎附势，只愿寄身山水田园的情怀。"味无味"语出《老子》："为无为，事无事，味无味。""材不材间"语出《庄子》："明日，弟子问于庄子曰：'昨日山中之木以不材得终其天年，今主人之雁以不材死，先生将何处？'庄子笑曰：'周将处乎材与不材之间。'"

人生之事，最是难料。想要过得有滋味，却总是徒然；想要建功立业，却总是失望。往往是这样：寻味反而得不到味，大材难有大用。辛弃疾才情卓绝，志向高远，却是寥落一生。这是他的悲哀，也是那个时代的悲哀。看清了世事，他告诉自己，与其执着于功业，不如流连山水，游走于材与不材、有味与无味之间。

苏轼词云："只渊明，是前生。走遍人间，依旧却躬耕。"元结在《丐论》中写道："古人乡无君子，则与云山为友；里无君子，则与松竹为友；座无君子，则与琴酒为友。"戴叔伦在《暮春感怀》中写道："山花水鸟皆知己，百遍相过不厌贫。"

如今的辛弃疾，寄身山野，躬耕大地。

以带湖为邻，以山鸟松竹为友，他依旧是澄澈的自己。

日子，也就在他手中，摇曳如诗。

信州以西约四十里，有一处黄沙岭。《上饶县志》载："黄沙岭在县西四十里乾元乡，高约十五丈。嵚崟敞豁，可容百人。下有两泉，水自石中流出，可溉田十余亩。"辛弃疾常去黄沙岭游赏风景，他在《鹧鸪天·黄沙道中即事》中写道："句里春风正剪裁，溪山一片图画开。"某天，辛弃疾夜行黄沙道，竟也拾得几分悠然。他写了首《西江月·夜行黄沙道中》：

明月别枝惊鹊，清风半夜鸣蝉。稻花香里说丰年，听取蛙声一片。
七八个星天外，两三点雨山前。旧时茅店社林边，路转溪桥忽见。

月明星稀，蛙鸣蝉噪；星火闪烁，细雨沾衣。

稻花香里，独步小桥，林边茅店的身影蓦然间出现。

看似不经意的着笔，乡村野逸风情已尽显无遗。

辛弃疾就在这画里，不徐不疾地走着。

斜风细雨不须归。

## 万事从今足

世间之人，都避不开烟火二字。

但人生的意味，并非仅存在于柴米油盐酱醋茶中。

木心先生说，人生在世，需要一点高于柴米油盐的品相。我想，他所说的，就是精神世界的丰盈。而这所谓的丰盈，大抵与琴棋书画诗酒花等物事有关。生活原本平淡，但我们可以拾得几分闲情，莳花种草，听琴对月。如此，平淡的日子便可添几分翩然。

陈继儒的《小窗幽记》里有这样一段："带雨有时种竹，关门无事锄花；拈笔闲删旧句，汲泉几试新茶。余尝净一室，置一几，陈几种快意书，放一本旧法帖；古鼎焚香，素麈挥尘，意思小倦，暂休竹榻。饷时而起，则啜苦茗，信手写汉书几行，随意观古画数幅。心目间，觉洒洒灵空，面上俗尘，当亦扑去三寸。但看花开落，不言人是非。"

这样的生活，仍属于烟火岁月，却已不是寻常烟火生活的况味。实际上，人未必要刻意去做某些事，有时候只需停下来，让自己回归平静，便能遇见美好。月到天心，风来水面，你若留意，自有几分诗情。

村居的日子，辛弃疾是快意的。

他有大把时间，描摹云水，聆听岁月。

把酒篱下的时候，他俨然便是那陶然的五柳先生。

他喜欢行走于带湖之畔，自得其乐；他喜欢徘徊于深山之中，来去悠然。博山有一处风景称作雨岩，他时常前往。一天，他再次来到这里，沉醉于眼前景色，写了首《生查子·独游雨岩》：

溪边照影行，天在清溪底。天上有行云，人在行云里。
高歌谁和余，空谷清音起。非鬼亦非仙，一曲桃花水。

漫步溪畔，不徐不疾。

蓝天白云，和漫步溪畔的人影，皆倒映在水中。

于是，人也仿佛行走于云上。

身处此般风景，辛弃疾忍不住放声高歌。然而，无人应和。细听之下，只有空幽的山谷清音不绝于耳。苏轼在《夜泛西湖五绝》中写道："湖光非鬼亦非仙，风恬浪静光满川。"辛弃疾借用其句说，那响声原来是桃花旁的流水之声。想必这溪水灵动之音，抵得上佳人妙手弹出的琴声。一首小令，寥寥数语，已将一幅画展开，让人身临其境，流连忘返。当然，真正流连忘返的，是辛弃疾自己。

在古代，春秋两季有两次例行的祭祀土神的活动，分别叫作春社和秋社。依据干支历法而定，春社为立春后第五个戊日，一般在二月初二前后；秋社为立秋后第五个戊日，约在新谷登场的八月。

社日当天，人们会举行盛大的仪式，带着酒、糕、猪羊肉和各种供品，聚集在社神庙前，焚香祭拜，祈求五谷丰登。祭祀过后，还有各种活动，比如食社饭、饮社酒、观社戏，十分热闹。

对于社日活动，古代诗人多有记载。唐代张籍《吴楚歌》诗云："今朝社日停针线，起向朱樱树下行。"宋代王安石《后元丰行》诗云：

"百钱可得酒斗许，虽非社日长闻鼓。"

唐代的王驾写过一首《社日》，记载的正是距上饶不远的鹅湖山的春社活动："鹅湖山下稻粱肥，豚栅鸡栖半掩扉。桑柘影斜春社散，家家扶得醉人归。"某年秋社，辛弃疾写了首《清平乐·检校山园书所见》：

连云松竹，万事从今足。拄杖东家分社肉，白酒床头初熟。
西风梨枣山园，儿童偷把长竿。莫遣旁人惊去，老夫静处闲看。

人们总说，知足常乐。

人若无太多索取之心，日子总能过下去。《论语》里有："一箪食，一瓢饮，在陋巷，人不堪其忧，回也不改其乐。"陋巷茅庐，粗茶淡饭，颜回也能自得其乐，只因他有颗恬淡知足之心。要知道，广厦千间，夜眠仅需六尺；家财万贯，日食不过三餐。

隐居的日子，辛弃疾几乎与世无争。这天，他在带湖之畔徘徊许久，然后拄着杖到主持社日祭神的人家分回了一份祭肉。此时床头的白酒刚好酿成，于是就着祭肉，痛饮一番。对于诗人来说，日子可以安放于许多地方，比如花间云下，比如篱前湖畔。自然，也可以安放于酒杯之中，醉意翩跹。

而那日，乐事之中更有乐事。一群馋嘴的小孩子手握着长长的竹竿，偷偷扑打庄园内刚刚成熟的梨和枣。半醉的辛弃疾看到了，却未声张，而是躲在一处，静静地观察孩子们天真无邪的举动。他自称老夫，但是在那幅乡村风情画里，他俨然一个天真的孩童。

而且，不只天真，辛弃疾还是个有趣的人。天真与有趣不同，天真属于性格，有趣则是一种能力，甚至可以说是一种境界。世间的很多东西，是可以学习的，而有趣这件事几乎与生俱来，非后天可学而得之。所以，如今人们总说起一句话：好看的皮囊千篇一律，有趣的灵魂万中无一。辛弃疾的很多词，写得诙谐幽默，读来令人忍不住会心一笑。比如下面这首《鹊桥仙·赠鹭鸶》：

> 溪边白鹭，来吾告汝，溪里鱼儿堪数。主人怜汝汝怜鱼，要物我、欣然一处。
>
> 白沙远浦，青泥别渚，剩有虾跳鳅舞。任君飞去饱时来，看头上、风吹一缕。

这首词不事雕琢，却颇有情趣。

翻译过来，大概意思是：溪边的白鹭，你过来，我跟你说，溪水中鱼儿已所剩不多，我爱惜你，你也该爱惜水中鱼儿，与它们友好相处。那边白色沙洲的青泥中有的是虾和泥鳅，你大可以飞到那里自由觅食，饱餐后再飞回来。我见微风吹动你头上羽毛，便知你已回来。

这就是一个天真词人的自说自话。天真的人，愿意与蓝天白云对话，愿意怜惜芳草落花。在世故的人看来，这是不可思议的。对辛弃疾来说，世间万物皆可把盏倾谈。于他，山水云月不只是风景，也是故人。所以他在词中写道：一松一竹真朋友，山鸟山花好弟兄。

辛弃疾还写过一首《南歌子》，同样风趣诙谐：

> 万万千千恨，前前后后山。傍人道我轿儿宽。不道被他遮得、望伊难。
> 今夜江头树，船儿系那边？知他热后甚时眠。万万不成眠后、有谁扇？

这首词写相思爱情，纯从女性角度写起，栩栩如生地刻画了一个痴情地挂念爱人的女子形象。女子坐在轿子上，旁人都说轿子宽敞，她却嫌那轿子太宽，挡住了望向情郎的视线。下阕似是自言自语：不知今夜，他的船系在何处；天气炎热，不知他何时入眠；万一他难以入睡，又有谁为他打扇送凉？全词语句直白，读来甚觉有趣。

辛弃疾是个气贯长虹的将军，也是个豪放不羁的词人，但有时候他又是个天真的孩子。才华横溢，勇武耿介，却又风趣幽默，这就是他。现在，他在信州，在带湖之畔，过着清静而又意趣盎然的日子。因为诗笔在手，田园从未荒芜。那样的生活，世间许多人都心驰神往。山水田园，听着便有几分怡然。

草青人远，一流冷涧。

岁月可以酿酒，往事可以煎茶。

越过繁华，我们终能抵达。

## 卷五：知音世所稀

人生，是一场孤独的旅行。

我们会遇见很多人，携手陌上，把酒言欢。但他们终会悄然离开，只剩我们自己，踽踽而行。

夕阳西下时，思忆往昔，不禁泪眼模糊。

### 而今识尽愁滋味

山若有心，必是温雅的。

水若有心，必是澄澈的。

与山水相对，而无隔阂的，必是性情中人。

严子陵退居富春江畔，垂钓为生，是厌倦了官场是非；陶渊明归去田园，躬耕度日，是不想为五斗米折腰。世事驳杂，人心难测，因此性情中人在人群之中，往往过得不快活。他们率真纯粹，而身旁却充满倾轧和算计，身心俱疲的时候，只好选择避开人群。人们总说，隐士生活消极。其实，他们只是忠于性情罢了。事实上，寄身山水田园，他们过得快意而丰盛。

现在的辛弃疾，就过着这样的生活。云山溪涧、茅舍炊烟，在他身边；疏篱曲径、烟雨斜阳，亦在他身边。自淳熙九年（1182）起，二十年间，他大部分时间都隐居乡野。

他可以品茗读书，也可以饮酒填词；可以吟风弄月，也可以种菊修篱。他时常在带湖之畔，于行坐之间，看云卷云舒。有时候，他也会外出游赏，或独自一人，或邀两三好友，前往山间水湄。博山、鹅湖、西岩、黄沙岭、苍壁、秋水观等处，常有他悠游的身影。这天，他再次前往博山，并作词《丑奴儿近·博山道中效李易安体》：

千峰云起，骤雨一霎儿价。更远树斜阳，风景怎生图画。青旗卖酒，山那畔、别有人家。只消山水光中，无事过这一夏。

午醉醒时，松窗竹户，万千潇洒。野鸟飞来，又是一般闲暇。却怪白鸥，觑着人、欲下未下。旧盟都在，新来莫是，别有说话？

雨霁天晴，山野如画。

斜阳草树，茅店青旗，一切皆非画笔可以描摹。

于是，他便想抛开世间一切，在此间度过整个夏天。或许，他想在此度过的，不只是那个夏天，还有未知的余生。那日，他在酒家痛饮，醉了便沉睡在那里。醒来时，见窗外松竹环绕，甚是幽雅，野鸟飞来，如他般自在。只是，多疑的鸥鸟不敢落下。于是，他问那鸥鸟："我们既已定下盟约，你何故欲下不下，若即若离？莫非是初来乍到？又或者，你有别的话想说？"他的天真与幽默，便在对鸥鸟的连问中显露无遗。

　　当然，细读这首词，从那份闲云野鹤般的惬意中，也能体会到辛弃疾内心的孤独况味。他固然是钟爱山水的，但他是受人排挤，继而被罢官而来到这里的。夙愿仍旧在心，山河依旧零落，因此隐居的生活虽然闲适，他还是会不时地流露出内心的不平静。事实上，另外一次行至博山道中，他写过一首《丑奴儿·书博山道中壁》，便未将寥落和愁苦藏起，而是和盘托出：

　　少年不识愁滋味，爱上层楼。爱上层楼，为赋新词强说愁。
　　而今识尽愁滋味，欲说还休。欲说还休，却道天凉好个秋。

　　少年不识愁滋味，的确如此。
　　白衣胜雪，裘马轻狂，意气风发，少年就是如此。
　　少年时节，涉世未深，因此登楼远眺，看到的是水长山远、天高云淡。经历过许多次悲欢离合之后，再次登楼，凭栏远眺，看到的已是浮生如梦、沧海桑田。就辛弃疾而言，少年时对收复中原信心满满，他相信文武兼备的自己能够跃马关山，了却夙愿。然而投奔南宋以后，看到的却是文恬武嬉，不思进取。他的雄心壮志不仅无法施展，还成了他被排挤的原因。最终，他不仅报国无门，还落得被削职闲居的境地。他的愁闷可想而知。
　　在实际生活中，人们的情感有时会发生逆转，极度的欢愉会转向悲凉，深沉的悲愁会翻作自我调侃。少年时节，我们心中并无愁苦，却硬要言愁；多年以后，经历了世事悲欢，愁苦到了极点，反而无话可说。

其实，辛弃疾并非无话可说，而是心中有话，却无法道出。他的愁苦，并非因个人得失，而是因家国破碎、朝廷碌碌无为而起。这些，显然是无法直言的。于是，愁情难诉，只好无奈地道一句：天凉好个秋。

愁闷也好，寥落也好，日子总要继续。

活在人间，本就是一个于风雨中寻悠闲的过程。

花落了，还有流水；云去了，还有天空。

世间总有物事，让我们付与深情，从不辜负。

比如清风明月，比如芳草斜阳。

辛弃疾性情豪放率真，交游甚广。据《宋史·辛弃疾传》载："弃疾豪爽尚气节，识拔英俊，所交多海内知名士。"才华横溢、孤傲不群的辛弃疾，所交大都是风骨独具、卓尔不群的文人。在他被罢官闲居后，仍有不少故交新友前来，与他诗酒相与。他们在雪楼把盏谈笑，甚是欢畅。这期间，与辛弃疾往来频繁的有韩元吉、汤邦彦、杨民瞻、晁楚老等人。

这天，辛弃疾夜读《史记·李将军列传》，读得兴起，久不能寐。忆起平生之事，越来越觉得自己的遭遇和汉代飞将军李广甚为相似。于是，孤灯之下，他写了首《八声甘州》。这首词题记为："夜读《李广传》，不能寐。因念晁楚老、杨民瞻约同居山间，戏用李广事，赋以寄之。"许是不久前，他曾与两位好友约定，前往山间小住。

故将军饮罢夜归来，长亭解雕鞍。恨灞陵醉尉，匆匆未识，桃李无言。

射虎山横一骑，裂石响惊弦。落魄封侯事，岁晚田间。

谁向桑麻杜曲，要短衣匹马，移住南山？看风流慷慨，谈笑过残年。汉开边、功名万里，甚当时、健者也曾闲。纱窗外、斜风细雨，一阵轻寒。

很多情感，他都是欲说还休。

因此，总是借古人之酒杯，浇胸中之块垒。

这首词上阕寥寥数语，简略叙述了李广的事迹。李广英武不凡，可单人独骑横山射虎，可弓弦惊响而矢发裂石，他屡立战功，却始终未得封侯，最后只好退居山野。王勃在《滕王阁序》中感叹："嗟乎！时运不齐，命途多舛。冯唐易老，李广难封。"

辛弃疾心存社稷黎民，一片赤诚，却屡遭排挤，最后被罢官，也称得上命运多舛。现在的他，也是隐退林泉，过着散淡的日子。不同的是，李广落魄时，就连灞陵醉尉都对他轻慢无礼，而辛弃疾的朋友们，并未因为他罢官而远离他。

杜甫在《曲江三章》中有这样几句："故将移住南山边。短衣匹马随李广，看射猛虎终残年。"此处辛弃疾以杜甫思慕李广之心，隐喻晁楚老、杨民瞻不以穷达而改变交情的高风，与开头所写灞陵呵夜之事形成了鲜明的对照。

后面，他又写道："汉开边、功名万里，甚当时、健者也曾闲。"言下之意是，当年为汉朝开疆辟土，连年征战，勇武强健如李广者，也曾被弃之不用；而现在的南宋朝廷，不仅对北伐之事讳莫如深，还不断排挤有志于此的朝臣。既然如此，不如就此寄身田园，诗酒度日，也算风流快意。而斜风细雨，阵阵轻寒，那是愁苦在长夜蔓延。

身处那个时代，辛弃疾的心愿注定落空。事实上，他早已看透，只是心有不甘罢了。

往往，当你懂得生活的时候，生活已是满地狼藉。

不过也好，拾掇拾掇，还可以种草莳花。

活着，就要苦中作乐、随遇而安。

## 平生丘壑，岁晚也作稻粱谋

都说，世事无常，阴晴难测。

其实，人心亦是难测，如同缥缈世事。

就像白居易所言：行路难，不在水，不在山，只在人情反覆间。

真正的朋友，是在你身处低谷、落魄无助之时，仍旧待你如故，不离不弃的那些人。很多人，可以和你推杯换盏、谈笑风生，但你身陷困境，他却是冷眼相看，甚至落井下石。终究，锦上添花常见，雪中送炭难得。

辛弃疾应该庆幸。他虽然在朝廷受尽排挤，并且最终因此而被罢官归隐，但很多意气相投的朋友依旧不离不弃，和他走得很近，时有往来。隐居的日子，固然平静而诗意，但若永远只是一个人醉吟风月，不免太孤独。辛弃疾喜欢简静安恬的生活，也希望那样的生活里，常有两三知己，把盏吟唱。他的希望没有落空，雪堂之中，带湖之畔，总有故人身影。

　　淳熙九年（1182），辛弃疾入住带湖新居不久，好友杨济翁和妻舅范如山偕同到访，住了数日。辛弃疾与他们把酒轩下，倾谈世事。他们也曾外出，游赏信州佳景。临别的时候，以词相赠，辛弃疾作了两首词，分别为《蝶恋花·和杨济翁韵，首句用丘宗卿书中语》《蝶恋花·继杨济翁韵饯范南伯知县归京口》：

　　点检笙歌多酿酒。蝴蝶西园，暖日明花柳。醉倒东风眠永昼，觉来小院重携手。
　　可惜春残风雨又。收拾情怀，长把诗僝僽。杨柳见人离别后，腰肢近日和他瘦。

　　泪眼送君倾似雨。不折垂杨，只倩愁随去。有底风光留不住，烟波万顷春江舻。
　　老马临流痴不渡。应惜障泥，忘了寻春路。身在稼轩安稳处，书来不用多行数。

　　江淹说，黯然销魂者，唯别而已矣。
　　辛弃疾虽豪放，但是面对离别，也是无比感伤。
　　毕竟，一别便是两处天涯。关山迢递，世事茫茫，谁也不知重逢何日。他不学古人折柳相赠，只是希望离别之后，无论是自己还是好友，都能各自安好，少些愁绪。但他又说，见人离别，杨柳也会默然感伤，继而消瘦。自然，消瘦的不是杨柳，是他自己。
　　尽管如此，他还是劝慰好友，说他在稼轩居处，过得安稳，不必担心，即使寄信来，也不必写太多关切之语。黄庭坚《新喻道中寄元明用觞字韵》中有两句："但知家里俱无恙，不用书来细作行。"
辛弃疾也是同样的意思。

其后，辛弃疾前往信州属县玉山寻访故人陆德隆。彼时，陆德
隆恰好要返回吴中故里。辛弃疾以词相赠，题为《六幺令·用陆氏
事送玉山令陆德隆侍亲东归吴中》：

> 酒群花队，攀得短辕折。谁怜故山归梦，千里莼羹滑。便整松江一棹，
> 点检能言鸭。故人欢接。醉怀双橘，堕地金圆醒时觉。
>
> 长喜刘郎马上，肯听诗书说。谁对叔子风流，直把曹刘压？更看君
> 侯事业，不负平生学。离觞愁怯。送君归后，细写《茶经》煮香雪。

这首词，辛弃疾分别用了陆机、陆龟蒙、陆籍、陆贾、陆逊、陆贽、
陆羽的典故，表达了对好友陆德隆的祝愿，希望他回到故里之后，
能够品尝到最美味的莼菜羹，能够过得清闲自在，能够在双亲膝下
尽孝，能够在习习清风中悠然品茗。同时，他也嘱咐好友，别忘了
读书和匡扶天下的志向。

写完这首词，辛弃疾想到，陆德隆回到江南后，定会有不少好
友打听他的近况。于是，他用前韵又写了一首《六幺令·再用前韵》，
托好友转告：

> 倒冠一笑，华发玉簪折。《阳关》自来凄断，却怪歌声滑。放浪儿
> 童归舍，莫恼比邻鸭。水连山接。看君归兴，如醉中醒梦中觉。
>
> 江上吴侬问我，一一烦君说：坐客尊酒频空，剩欠真珠压。手把渔

竿未稳，长向沧浪学。问愁谁怯？可堪杨柳，先作东风满城雪。

他说，倘若江南故人问起，便告诉他们，他隐居乡野，一切安好，只是往来人少，酒樽长空。想学严陵垂钓，却还握不稳鱼竿，意思是对于退隐闲居的日子尚未习惯。

这年秋天，好友李子永离开信州，辛弃疾为之饯行，以一首《水调歌头·再用前韵答李子永提干》相赠。此前，李子永为信州坑冶铸钱司干官，因性情相投，与辛弃疾往来甚多。

在这首词中，辛弃疾说："断吾生，左持蟹，右持杯。买山自种云树，山下劚烟莱。"对于买山种树、持蟹饮酒的日子，似乎很满意。然而他又说："百炼都成绕指，万事直须称好。"意思是，历尽宦海浮沉，对于盛衰荣辱之事，他已不愿过问，只想敷衍地一概称好。言语间颇有几分不满。

临行前，李子永又向辛弃疾索要《秀野》《绿绕》两首诗，辛弃疾只好再赋一首《水调歌头》以赠。他在题记中写道："余诗寻医久矣，结合二榜之意，赋《水调歌头》以遗之。然君才气不减流辈，岂求田问舍而独乐其身耶。"

苏轼诗云："避谤诗寻医，畏病酒入务。"世事波诡云谲，诗人们常有因诗获罪之事，苏轼便有这样的遭遇。因此他说，为了避免祸端，要为所写之诗寻医。辛弃疾化用苏轼诗句，显然也有"避谤"的顾虑。许多事，许多愁怀无法诉说，也是这个原因。因此，好友索诗，他却只能以词相赠。

文字觑天巧，亭榭定风流。平生丘壑，岁晚也作稻粱谋。五亩园中秀野，一水田将绿绕，秖秫不胜秋。饭饱对花竹，可是便忘忧？

吾老矣，探禹穴，欠东游。君家风月几许，白鸟去悠悠。插架牙签万轴，射虎南山一骑，容我揽须不？更欲劝君酒，百尺卧高楼。

他说："平生丘壑，岁晚也作稻粱谋。"

纵然才学旷世，韬略无双，终是无处寄放。

于是，他只好退居山野，躬耕度日。明山净水为邻，清风明月作伴，日子也算逍遥。当然，所有的哀愁与苦闷，都只能藏在心中，偶尔借着几分酒意，诉诸笔端。

据邓广铭《辛弃疾传·辛稼轩年谱》载，淳熙十一年（1184）冬，辛弃疾的好友李正之被调入蜀，任利州路提点刑狱。李正之在信州为官时，与辛弃疾多有往来。临别，辛弃疾以一首《满江红·送李正之提刑入蜀》相赠：

蜀道登天，一杯送、绣衣行客。还自叹、中年多病，不堪离别。东北看惊诸葛表，西南更草相如檄。把功名、收拾付君侯，如椽笔。

儿女泪，君休滴。荆楚路，吾能说。要新诗准备，庐山山色。赤壁矶头千古浪，铜鞮陌上三更月。正梅花、万里雪深时，须相忆。

一杯相送，万里相隔。

古今之离别，往往就是这般模样。

有道是，君子之交淡如水。离别之时，无需华丽排场，浊酒一杯相送便好。既是知交好友，自知情谊深浅。把盏过后，便是人各天涯，四十五岁的辛弃疾甚是感伤。尽管如此，离别之际，他还是希望才学出众的好友，能够建功立业。当然，如此希望的时候，想到自己也是才学不输于人，更有补天之志，却只能隐于山野，不免落寞。

王勃诗云："无为在歧路，儿女共沾巾。"辛弃疾却说，虽然一别之后隔山隔水，却也不必泪湿青衫。他劝慰好友，收拾好心情，带着一份赏景之心上路。那一路走过去，有庐山秀色，有赤壁波涛，有铜鞮明月。他还说，流连风景，莫忘写诗。明明自己也是离愁在心，辛弃疾却以调侃的笔调，劝慰好友不要沉湎于离愁别绪，要轻松上路。以此寄人，不仅见趣，亦且见志。

对于这首词，清代陈廷焯在《词则·放歌集》中评价："气魄之大，突过东坡，古今更无敌手。其下笔时，早已目无余子矣，龙吟虎啸。"只不过，豪放的辛弃疾也总有伤怀落寞之时。毕竟，聚散离合只如花开花谢，谁都避不开。盛筵散场，天涯人各，任是豪气冲天的男儿，也忍不住悲伤。

正因为有起有落，生活才有趣味。

只是，这起落之间，故事已落幕，年岁已苍老。

那是个凄凉的冬日，离别上演，落雪无声。

万里山河，梅花开得正好。

## 故交南涧

我们生而孤独。

很多时候，我们孑然一身，与时光同行。

遇见的人，总会在某个路口与我们挥手作别。

终于明白，许多路都要一个人走，孤独才是人生的常态。很多人来到生命里，只是为了让我们明白聚散离合四字的含义。歌里这样唱道："有时候有时候，我会相信一切有尽头。相聚离开都有时候，没有什么会永垂不朽。"听来总觉得心酸。

往往，瞬间的擦肩而过，便是永远的人各天涯。万事皆有尽头，大到生命终结，小到野草干枯，一切终将归零。所有人终会走散，哪怕是最亲近的人，哪怕是生死相许的人，最终都会离我们而去。我们总要学着成长，学着面对阴晴圆缺，学着承受随时都在发生的悲欢离合。这世上，能够陪你到最后的，只有你自己。

相聚离别，皆是因缘。

正因为生而孤独，我们更应该学会珍惜。

那些携手同行、把酒酬唱的日子，都是生命中的春天。

在带湖以南七八里处，上饶城南，信江南岸，有一小溪，名南涧。淳熙七年（1180），韩元吉致仕来此，开始了暮年的闲居生活。韩元吉字无咎，号南涧。他两次参加科举皆落榜，三十三岁以门荫得以进入仕途，时人都说，他虽袭门荫而学问远过于寻常进士。

韩元吉生平交游甚广，最重要的有四位。其中，辛弃疾的好友吕祖谦是他的女婿，陆游是他交往时间最长的好友，朱熹是他学术上的诤友，而辛弃疾则是他退居上饶后来往最密切的朋友。淳熙九年（1182），在韩元吉退居上饶两年后，辛弃疾被罢官，也来到了这里。

对辛弃疾来说，韩元吉是政坛和文坛的前辈，也是相交多年的老友。早在辛弃疾任建康通判时，他们便因性情志趣相投而成为好友。辛弃疾对韩元吉十分欣赏。一方面，韩元吉才华不菲，《四库全书总目》中称其"诗体文格，均有欧、苏之遗，不在南宋诸人下"。另一方面，韩元吉是坚定的主战派，而且与辛弃疾北伐观点相似。韩元吉年长辛弃疾二十二岁，但这并不影响他们成为至交好友。

有人白首如新，有人倾盖如故。

朋友二字，只为性情相投，不论高低贵贱。

自然，年岁之别，更不值一提。

退居信州时，韩元吉已六十三岁，因此被推举为信州文坛盟主。因为彼此欣赏，惺惺相惜，在辛弃疾隐退后，他们往来极为频繁。辛弃疾常去韩元吉居处拜访，与之把盏叙谈；有时候，韩元吉也会携酒前往带湖之畔，与辛弃疾对酌雪楼，诗酒酬唱。

某个冬天，韩元吉携酒前往，与辛弃疾小酌后，又偕同赏雪，辛弃疾写了首《念奴娇·和南涧载酒见过雪楼观雪》。《稼轩词》"带湖之什"有五首给韩元吉的寿词，还有五首与韩元吉的唱和词，足见两人交往密切。

辛弃疾的生日是五月十一，韩元吉的生日是五月十二，相差一日。因此，每年生辰，他们都会相聚饮酒，互相祝贺。淳熙九年（1182），韩元吉生辰时，辛弃疾以一首《太常引·寿韩南涧尚书》相赠：

> 君王著意履声间。便令押、紫宸班。今代又尊韩。道吏部、文章泰山。
> 一杯千岁，问公何事，早伴赤松闲。功业后来看。似江左、风流谢安。

虽是贺寿之作，但在称颂对方的同时，还是不忘提及功业之事。他们都是主战派，都有着收复河山的强烈愿望。而此时，两人都隐退林泉，与湖山松竹为邻。或许是饮了几杯酒，豪情油然而生，辛弃疾忍不住提醒老友，莫忘北伐之事。辛弃疾当然希望，朝廷能立志收复河山，那样的话，好友定能被重用，也定能如当年的谢安那样，运筹帷幄，气定神闲。

然而，这豪情终是被岁月淹没了。

韩元吉年过花甲，已是行将就木。

正值盛年的辛弃疾，也只能寄身林泉，任年华老去。

这年重阳节，辛弃疾与韩元吉相约同往信州城西三十里的云洞游赏。秋高气爽之日，登高望远，赏菊饮酒，无比快意。尽兴之时，韩元吉作词《水调歌头·又水洞》。词中写道："细把茱萸看，一醉且徘徊。"辛弃疾也和了一首《水调歌头·九日游云洞，和韩南涧尚书韵》：

> 今日复何日，黄菊为谁开？渊明谩爱重九，胸次正崔嵬。酒亦关人何事，政自不能不尔，谁遣白衣来。醉把西风扇，随处障尘埃。
> 为公饮，须一日，三百杯。此山高处东望，云气见蓬莱。翳凤骖鸾公去，

落佩倒冠吾事，抱病且登台。归路踏明月，人影共徘徊。

昔日，陶渊明好酒。隐居田园后，因为家贫经常无酒可饮。一年重阳日，他因无酒而苦恼，在篱畔惆怅。这时，江州刺史王弘派白衣官差送酒来，陶渊明立刻畅饮，尽兴而回。《续晋阳秋》载："陶渊明九月九日无酒，出篱边怅望久之，望见白衣人至，是王弘派来送酒的。陶渊明当即开坛畅饮，大醉而回。"

韩元吉也常携酒造访雪楼，与白衣官差送酒情节甚是相似。而这天，他们携手同游，登山饮酒，更是一片悠然。李白在《将进酒》中说："烹羊宰牛且为乐，会须一饮三百杯"。原本，酒逢知己千杯少，李白如此，辛弃疾亦是如此。

尽兴之后，待月而归。

无疑，这是个醉意朦胧的重阳节。

日子，不为诗酒而存在，却因诗酒而翩然。

淳熙十一年（1184），辛弃疾四十五岁，韩元吉六十七岁。生辰之日，两人以词互赠。辛弃疾生日时，韩元吉写了一首《水龙吟·寿辛侍郎》，词中说："南风五月江波，使君莫袖平戎手。"他是希望辛弃疾仍以北伐大业为重。

词的下阕写道："功画凌烟，万钉宝带，百壶清酒。"凌烟阁为唐代专门为表彰功臣而建的阁楼。韩元吉希望，在辛弃疾收复河山、功成名就之时，再与他狂歌痛饮。

次日，韩元吉生辰，辛弃疾以一首《水龙吟·甲辰岁寿韩南涧尚书》

相赠：

> 渡江天马南来，几人真是经纶手。长安父老，新亭风景，可怜依旧。夷甫诸人，神州沉陆，几曾回首。算平戎万里，功名本是，真儒事、公知否？
>
> 况有文章山斗，对桐阴、满庭清昼。当年堕地，而今试看，风云奔走。绿野风烟，平泉草木，东山歌酒。待他年，整顿乾坤事了，为先生寿。

山河沦落，国势衰微。

无论是辛弃疾还是韩元吉，都为之心痛不已。

他们都有整顿河山、恢复中原的愿望。可惜的是，南宋朝廷碌碌无为，偏安于江南烟水，几无北伐雪耻之意。辛弃疾说，收复河山、平定天下，是读书人真正的事业。自然，他们愿意为之鞠躬尽瘁，死而后已。无奈，朝堂上许多人只会夸夸其谈。仁人志士的宏愿和热血，皆被践踏成了尘埃。

下阕中，辛弃疾称赞韩元吉退居山野，如裴度闲居绿野堂，如李德裕闲居平泉庄，如谢安闲居东山，悠然自得。恐怕其称赞的同时，想着功业未成，不免心酸。尽管如此，辛弃疾还是没有灰心。词的最后，他充满豪情地说：待他年，统一中原，再回来为先生贺寿。这里，回答了好友：到那时，把酒临风，开怀痛饮。

淳熙十四年（1187），韩元吉七十岁。在其生辰之日，辛弃疾以一首《水调歌头·庆韩南涧尚书七十》相赠。他在词中写道："看取垂天云翼，九万里风在下，与造物同游。君欲计岁月，尝试问庄周。"祝愿好友老当益壮，与造物同游。然而，不久之后，韩元吉就去世了。

这首词，是辛弃疾对好友最后的祝福。

韩元吉离世，辛弃疾悲痛无比，可是又能如何？世事无常，生离死别都是人生常事。故人离世，我们能做的，便是在悲伤之后，收拾心情，继续前行，好好过自己的生活。如此，故人若地下有知，也可欣慰。

白居易说："同心一人去，坐觉长安空。"

失去一个好友，便是失去一座城堡，一片天空。

但我们，仍要勇敢地撑起岁月。

## 笑江头、明月更多情

红尘路远，岁月凄迷。

幸好，遥远的路上，有人结伴而行。

哪怕只是同路一程，也足可快慰平生。

在信州，与辛弃疾来往密切的还有汤邦彦。汤邦彦好议论，有辩才，因此孝宗让他做了司谏，负责向皇帝谏言，针砭时弊。

淳熙二年（1175）八月，孝宗派汤邦彦出使金国，以讨还河南陵寝之地。结果，汤邦彦受辱而归，孝宗震怒，将其流放岭南。据《续宋编年资治通鉴》载："八月，汤邦彦使金，请河南陵寝地。明年夏四月，邦彦使金至燕，金人拒不纳，旬余，乃命引见，夹道皆控弦露刃之士，邦彦怖，不能措一词而出。上大怒，诏流新州。"岭南新州，即如今广东省新兴县。后来，孝宗念汤邦彦忠直，许他居信州。

辛弃疾词集中，多有与汤邦彦唱和之作，只是，两人相识始于何时现已无从考证。可以确定的是，在辛弃疾隐居信州后，两人交往甚多。他们都是率直之人，诗酒唱和，自有几分快意。辛弃疾闲居不久，写了那首《水调歌头·盟鸥》，汤邦彦唱和一首。不久后，辛弃疾又作一首《水调歌头·汤朝美司谏见和，用韵为谢》，表示感谢：

白日射金阙，虎豹九关开。见君谏疏频上，谈笑挽天回。千古忠肝义胆，万里蛮烟瘴雨，往事莫惊猜。政恐不免耳，消息日边来。

笑吾庐，门掩草，径封苔。未应两手无用，要把蟹螯杯。说剑论诗余事，醉舞狂歌欲倒，老子颇堪哀。白发宁有种，一一醒时栽。

据《京口耆旧传·汤邦彦传》载："时孝宗锐意远略，邦彦自负功名，议论英发，上心倾向之，除秘书丞，起居舍人，兼中书舍人，擢左司谏兼侍读。论事风生，权幸侧目。"那时候，宋孝宗对汤邦彦甚是赏识，称赞他"以身许国，志若金石，协济大计，始终不移"。出使金国而有辱使命，显然是金人强悍无礼所致。辛弃疾称赞他忠肝义胆，也坚信他有东山再起之时。

辛弃疾在这首词的下阕中写自己的闲居生活。茅舍竹篱，柴门小径，他可以负暄饮酒，可以弄月吟风。然而，在这闲情之中，分明有几分苦闷。一双持剑之手，如今只能持杯持蟹。国事蜩螗之际，这般文韬武略之人，却被弃置不用，他只好将自己安放在酒杯里，痛饮长醉，摇摇晃晃。

他说，"老子颇堪哀"。"堪哀"为堪怜念之意，语出《后汉书·马援传》，意思是说，自己如此狂歌醉舞，虚置年华，此般心情故人定能明白。词的结尾，他又感叹，他本是年富力强之时，却因为忧国忧民白发频生；酒醉之时尚能忘却家国之事，酒醒之后愁绪便无处掩藏。他说，那白发不是自然而生的，而是清醒之时一根根栽上去的，愁苦跃然纸上。

隐居的日子，总有诗情画意。

然而，愁苦与悲凉，也是始终都在。

幸好，山水深情，可寄情怀，可言心事。

同时，还有故人相访，诗酒相与。

生活本就如此。有起有落，有明有暗。即使是寄身云水，远离喧嚣，也并非总是风轻云淡。我们都要学着淡然，学着从容，于阴雨中找寻恬静，于困苦中觅得甘甜。萧瑟而不绝望，悲伤而不沉沦，才算活出了气度。

辛弃疾到底是豪放的，虽然心有愁闷，却从不负诗酒云山。他是这样，独自沉吟，思忆往事时，愁绪是真实的；与好友临风把盏、剪烛闲谈时，快意也是真实的。可惜，他到信州一年后，汤邦彦就离开信州，返回了故乡金坛。临行，辛弃疾设宴饯行，并以一首《满江红·送汤朝美司谏自便归金坛》相赠：

瘴雨蛮烟，十年梦、尊前休说。春正好、故园桃李，待君花发。儿女灯前和泪拜，鸡豚社里归时节。看依然、舌在齿牙牢，心如铁。

治国手，封侯骨。腾汗漫，排阊阖。待十分做了，诗书勋业。常日念君归去好，而今却恨中年别。笑江头、明月更多情，今宵缺。

在这首词里，辛弃疾既劝慰汤邦彦回归故里后，安享与家人亲友相聚的欢乐，又不忘激励他不忘初心，再次驰骋仕途。其实，辛弃疾的心里是矛盾的，既希望好友能被朝廷重新起用，又希望他留在信州，继续与自己流连诗酒风月。

最后，汤邦彦还是走了。

天边明月如钩，照着红尘千古悲欢离合。

多情莫如明月，凉薄莫如世事。

我们能做的，唯有承受。

更令辛弃疾悲伤的是，汤邦彦走后不久，他又得到了叶衡去世的噩耗。对辛弃疾来说，叶衡既是故友，也是伯乐。因此，听闻叶衡去世，他悲伤了很久。

淳熙十二年（1185），郑汝谐出任信州知州，辛弃疾又多了个诗酒朋友。据邓广铭《辛弃疾传·辛稼轩年谱》载："是年，郑舜举为信州守，稼轩与相酬唱甚多。"

郑舜举即郑汝谐，号东谷居士。绍兴二十七年（1157）进士。乾道四年（1168）任两浙转运判官，时浙东一带连年饥荒，郑汝谐救灾扶贫，颇有政绩。其后，他调任江西转运判官，又升任大理寺少卿。

郑汝谐比辛弃疾年长十四岁，其人性情率直，喜好山水，颇具文士风采。而且，他是坚定的主战派。辛弃疾性格耿介率真，处事果决坚毅，郑汝谐久慕其名。因此，到任后不久，郑汝谐便前往造访辛弃疾。因为性情相投，两人相谈甚欢，此后更是往来不断。

郑汝谐在信州城郊南屏山上建了一处住所，取名"蔗庵"。同时，他给自己的书室取名"卮言"。"卮"为古代酒器，不盛酒时空仰着，盛满酒就倾斜。"卮言"意思是没有一成不变的状态，如同有些人说话没有定见，常用作对自己文章的谦辞。郑汝谐的诗词文章率性而为，不拘于章法，因此他以"卮言"二字为自己的书室命名。不过，辛弃疾却以此二字为引，作了首词，题为《千年调·蔗庵小阁名曰卮言，作此词以嘲之》：

> 卮酒向人时，和气先倾倒。最要然然可可，万事称好。滑稽坐上，更对鸱夷笑。寒与热，总随人，甘国老。
>
> 少年使酒，出口人嫌拗。此个和合道理，近日方晓。学人言语，未会十分巧。看他们，得人怜，秦吉了。

这首词，辛弃疾借卮酒形象，讽刺了卮言的丑态：唯唯诺诺，低眉顺眼，见风使舵，毫无风骨可言。在上阕中他写了三种物件：滑稽，为一种酒器，酒从中流过，但不盛酒；鸱夷，是皮制的装酒口袋，伸缩自由；甘草，能调和众药。这些物件，无不是随波逐流，毫无自我可言。

词的下阕，写少年澄澈，不懂得虚与委蛇、曲意逢迎，渐渐长大后，想学着圆滑世故，却怎么都学不精，于是，只好惊讶地看着那些势利小人，左右逢源，讨人喜爱。"秦吉了"即鹩哥，能模仿人说话。

芸芸众生，有的清澈见底，有的污浊不堪；有的孤芳自赏，有的阿谀逢迎。有时，前者因孤傲不群而道路坎坷，后者因懂得奉承而人生顺遂。然而，岁月如镜，清澈与浑浊、正直与奸邪，照得无比清楚。

这首词，对于世间势利小人的讽刺可谓到了极致。想必是饮酒之后，辛弃疾又想起了自己的遭遇，于是下笔如刀，对阿谀逢迎之人极尽挖苦之能事。既是知交，郑汝谐定然知道辛弃疾狂放中的愤懑。因此，他并不恼怒，反而因为辛弃疾的率性而欣喜。

淳熙十三年（1186）冬，郑汝谐被召入临安。

临别，辛弃疾以一首《满江红·送信守郑舜举郎中赴召》相赠：

湖海平生，算不负、苍髯如戟。闻道是、君王著意，太平长策。此老自当兵十万，长安正在天西北。便凤凰、飞诏下天来，催归急。

车马路，儿童泣。风雨暗，旌旗湿。看野梅官柳，东风消息。莫向蔗庵追语笑，只今松竹无颜色。问人间、谁管别离愁，杯中物。

这首词上阕赞赏郑汝谐胸怀天下，雄才大略，激励他乘机奋进、实现壮志；下阕抒写依依惜别之情。浊酒一杯，从此便是两处天涯，关山难越；蔗庵也好，雪楼也好，所有诗酒流连的画面，都成了往事。辛弃疾知道，浮沉聚散，都是人生。但是，离别之际，他止不住感伤。

不过，聚散有时，情义无价。

人之相与，不在长久，而在于两心相知，肝胆相照。

如此，纵是人各天涯，也能彼此温暖。

## 人间宠辱休惊

有人说，岁月如歌；有人说，岁月如诗。

其实，岁月不过是一页纸，飘飘荡荡，没有归期。

而我们，就在这纸上，来来去去，兜兜转转。

《断舍离》中说："红尘看破了，不过是浮沉；美丽看破了，不过是皮囊；生命看破了，不过是无常；爱情看破了，不过是聚散。"人生是一场未知的旅行，上路之后才知道，风景有之，风雨亦有之；明媚有之，黯淡亦有之。走了很久，终于明白，对这世界，既要有感恩之心，也要有敬畏之心。我们必须学会，与岁月浅斟低唱，与生活握手言和。

人生失意，辛弃疾只能退至山野，于林泉草木之间觅得几分悠然。湖山诗酒，与他两不辜负。而且，常与两三至交好友，把酒临风，围炉夜话，日子不曾荒凉。苏轼有首《鹧鸪天》，尽显生活之悠闲：

林断山明竹隐墙。乱蝉衰草小池塘。翻空白鸟时时见，照水红蕖细细香。村舍外，古城旁。杖藜徐步转斜阳。殷勤昨夜三更雨，又得浮生一日凉。

烟村茅舍，青草池塘；鸥鸟相见，漫步斜阳。

心若恬静，所见皆是风景；心若黯淡，处处皆是荒原。

"风景"二字，往往不在其本身，而是决定于观者心境。明月虽好，但在落寞之人看来，不过是一抹苍白；清风虽好，但在悲伤之人眼中，也是一处无形的伤。淳熙十年（1183）春，辛弃疾在带湖南边开凿了一条小溪，并写了首《洞仙歌·开南溪初成赋》：

> 婆娑欲舞，怪青山欢喜。分得清溪半篙水。记平沙鸥鹭，落日渔樵，湘江上，风景依然如此。
>
> 东篱多种菊，待学渊明，酒兴诗情不相似。十里涨春波，一棹归来，只做个、五湖范蠡。是则是、一般弄扁舟，争知道，他家有个西子。

他想如陶渊明那样，以诗酒度日，然而，壮志难酬，心境到底与陶渊明不同。

事实上，即使是泛舟平湖，境况也与那翩然来去的范蠡不同，只因范蠡的身边有个倾世红颜西施。此词虽语调诙谐，却分明有无奈和苦闷在其中。

辛弃疾时常前往临近的铅山县鹅湖山游玩。据《铅山县志》载：“鹅湖山在县东北，周回四十余里。其影入于县南西湖，诸峰联络，若狮象犀貌，最高者顶峰三峰顶秀。”鹅湖以前称作荷湖，后来有名士在此养鹅，便改名为鹅湖。南朝宋时曾任南豫州刺史的刘澄之在《鄱阳记》中记载：“山上有湖多有荷，故称荷湖。东晋人龚氏蓄鹅，其双鹅育子数百，其成翩乃去，更名鹅湖。”

鹅湖山山势逶迤，林壑幽美，流水潺湲，草木荟郁，时有文人雅士前来。鹅湖山北有座禅院，名鹅湖寺。淳熙二年（1175），吕祖谦邀请朱熹、陆九渊、陆九龄来此，坐而论道，论辩“理学”和

"心学"之优劣。这场辩论，后来被称作"鹅湖之会"。在鹅湖山，辛弃疾留下不少词作，比如下面这首《鹧鸪天·鹅湖寺道中》：

一榻清风殿影凉，涓涓流水响回廊。千章云木钩辀叫，十里溪风穈稏香。冲急雨，趁斜阳，山园细路转微茫。倦途却被行人笑：只为林泉有底忙。

一榻清风，满山云树；飞鸟相伴，流水相随。

他就在其中，或安坐林间，或徘徊小径，满心闲逸。

纵然奔走于雨中，也是匆忙中的快意悠然。

铅山县东二十五里有一村落，名奇师村。后来，村中桥梁损毁，修葺之后，当地父老请辛弃疾作赋，辛弃疾写了首《沁园春·有美人兮》。他在题记中写道："期思旧呼奇狮，或云碁师，皆非也。余考之荀卿书云：孙叔敖，期思之鄙人也。期思属弋阳郡，此地旧属弋阳县。虽古之弋阳、期思，见之图记者不同，然有弋阳则有期思也。桥坏复成，父老请余赋，作《沁园春》以证之。"从此，奇师村更名为期思村。

淳熙十二年（1185），辛弃疾在期思村外觅得一眼泉水，水流清澈见底，辛弃疾甚是喜爱，便取颜回"一箪食，一瓢饮，在陋巷，人不堪其忧，回也不改其乐"之意，为之取名"瓢泉"。其后，辛弃疾更是将瓢泉连同周围一块地买了下来，打算在此建造房舍。访得瓢泉后，辛弃疾写了首《洞仙歌》：

飞流万壑，共千岩争秀。孤负平生弄泉手。叹轻衫短帽，几许红尘，还自喜，濯发沧浪依旧。

人生行乐耳，身后虚名，何似生前一杯酒。便此地、结吾庐，待学渊明，更手种、门前五柳。且归去、父老约重来，问如此青山，定重来否？

富贵功名，终比不上山水渔歌快意。

李白说，且乐生前一杯酒，何须身后千载名。

辛弃疾所求，不是功名利禄，而是河山完整，百姓安宁。既然这样的愿望无法实现，不如远离喧嚣，在这山明水净之地，筑茅舍，对诗酒，如五柳先生那般散淡生活。因为他满腹诗才，又平易近人，因此此间父老都盼着他来此安居。在他离开时，人们还忍不住问他，是否真的会回来。辛弃疾还写过一首《水龙吟·题瓢泉》，也颇见其悠闲超旷：

稼轩何必长贫，放泉檐外琼珠泻。乐天知命，古来谁会，行藏用舍？人不堪忧，一瓢自乐，贤哉回也。料当年曾问：饭蔬饮水，何为是、栖栖者？

且对浮云山上，莫匆匆、去流山下。苍颜照影，故应流落，轻裘肥马。绕齿冰霜，满怀芳乳，先生饮罢。笑挂瓢风树，一鸣渠碎，问何如哑。

游赏归来，又是另一番光景。

温柔贤惠的妻子，天真烂漫的儿女，都让他感觉踏实。

他可以安坐书房，阅览古今，知心的妻子便会为他煮一壶茶，她是他的添香红袖；他可以教子女读书，给他们讲人生往事，他们是他心灵的归属。有他们在身边，日子散淡，但始终充实而温暖。

只是，平静的日子里也会有阴雨。乳名为铁柱的幼子辛赣体弱多病，辛弃疾夫妇甚是忧心。一次，幼子发烧，多日不退，请大夫医治，始终不见效果。辛弃疾心急如焚，写了首《清平乐·为儿铁柱作》，祈祷儿子早日康复：

灵皇醮罢，福禄都来也。试引鹓雏花树下，断了惊惊怕怕。
从今日日聪明，更宜潭妹嵩兄。看取辛家铁柱，无灾无难公卿。

世间之人，大都在意拥有，比如广厦华服、香车宝马。人们总以为，拥有的越多就越幸福。其实，有些东西，拥有即为幸福，而有些东西，越是缺失，就越是幸福，比如疾病磨难、风雨荆棘。多福多寿固然难求，无灾无难、无忧无虑亦是少有。

苏轼曾作过一首《洗儿》："人皆养子望聪明，我被聪明误一生。惟愿孩儿愚且鲁，无灾无难到公卿。"苏轼聪慧过人，才华横溢，却也人生多舛。因此，他希望自己的儿子少些聪明，如此方能少灾少难。

辛弃疾也是同样的愿望。可惜，铁柱终究还是被病魔夺去了生命。辛弃疾悲痛欲绝，写了十五首《哭赣》诗。他写道："足音答答来，多在雪楼下。尚忆附爷耳，指问壁间画。"他写道："昨宵北窗下，不敢高声语。悲深意颠倒，尚疑惊著汝。"雪楼中，北窗下，处处都是铁柱的身影。往事有多温馨，如今忆起来就有多苦涩。

他是金戈铁马、豪气冲天的血性男子。

但是痛失爱子，他亦是寻常之人，觉得痛彻心扉。

许多日子，他都陷在悲伤里，老泪纵横。

但他终于还是从悲伤中走了出来。世间之事，说到底无非"悲欢离合"四字。生离死别，就像繁花零落。花落以后，花枝还在；人去以后，生活还得继续。辛弃疾再次与云水倾情相对，已是多日以后。这天，族弟辛祐之前来相聚，辛弃疾甚觉欣喜。两人同游信州，饮酒赋诗，畅快淋漓。不过，快意过后便是离愁。辛祐之前往浮梁（宋属饶州，在今鄱阳县），辛弃疾以一首《临江仙·再用韵送祐之弟归浮梁》相赠：

钟鼎山林都是梦，人间宠辱休惊。只消闲处过平生。酒杯秋吸露，诗句夜裁冰。

记取小窗风雨夜，对床灯火多情。问谁千里伴君行？晚山眉样翠，秋水镜般明。

这首词，辛弃疾以饱经沧桑的亲身体验，嘱咐族弟要做到宠辱不惊，闲适度日。下阕回忆了往昔与族弟小窗风雨、对床夜话的手足情谊，想象一路陪伴族弟同行的情景："晚山眉样翠，秋水镜般明。"有明山秀水相伴，族弟此行虽路途遥远，却也不会孤寂。这里包含了辛弃疾对族弟的祝愿：前程似锦，如伴他一路的秀美山水。

一别，便是山高水长。

但他下笔疏淡，将离别的感伤藏在了心底。

那是历尽离合后，淡定从容的模样。

## 剩水残山无态度

孟浩然说：知音世所稀。

冯梦龙说：合意友来情不厌，知心人至话相投。

世事茫茫，被人了解无疑是幸事。然而，红尘万丈，知音古今难遇。正因为难遇，所以更值得珍惜。俞伯牙善弹琴，钟子期能听出其琴声中的悲喜，于是被伯牙视为知己。后来，钟子期英年早逝，俞伯牙毁琴绝弦，从此不再弹琴。

清代文学家张潮说："天下有一人知己，可以不恨。不独人也，物亦有之。"菊以陶渊明为知己，梅以林和靖为知己，竹以王子猷为知己，莲花以周敦颐为知己。世间最难得，莫过"懂得"二字。物之悲喜，难被了解，人亦如此。因此，《增广贤文》里说："酒逢知己饮，诗向会人吟；相识满天下，知心能几人。"知己，是心灵的陪伴，是共鸣与懂得。真正的知己，懂你的无奈，懂你的欲言又止，明白你笑容背后的苦楚。

知己，如风景，亦如灯火。

真正的知己，是夏日清泉，亦是冬日暖炉。

知己，知你冷暖，懂你悲喜。

辛弃疾交游甚广，对待朋友亦是一片赤诚，从不虚情假意。不过，在他的朋友中，称得上知己的并不多。因此他在一首《贺新郎》中说："不恨古人吾不见，恨古人不见吾狂耳。知我者，二三子。"

意思是，纵观千古，能与他心意相通的寥寥无几。话虽疏狂，仔细想来也的确如此。人生于世，有两三知己已是幸事。于辛弃疾，陈亮称得上知己。

陈亮，字同甫，号龙川，世称龙川先生。婺州永康（今浙江永康）人。陈亮生于绍兴十三年（1143），比辛弃疾小三岁。他少时聪颖，文学天赋极高。同时，他喜读兵书，与人谈论兵法往往滔滔不绝。《宋史·陈亮传》称其"生而目有光芒，为人才气超迈，喜谈兵，议论风生，下笔数千言立就"。

陈亮这个人，光明磊落，落拓不羁。他是坚定的主战派，和辛弃疾一样，以收复河山为夙愿。十八岁时，陈亮就写了《酌古论》二十篇，评论历史人物。后来，他又撰写了《英豪录》和《中兴遗传》两部著作，希望从历史的经验教训中总结出中兴复国之途。

青年时期，陈亮曾两次参加科举，皆未得中。南宋与金国签订《隆兴和议》后，天下人都觉得终于可以松口气了，陈亮则不以为然。他以布衣的身份，向皇帝连上五道奏书，陈述和议弊端，这就是著名的《中兴五论》。朝廷置之不理，陈亮只得回乡教书讲学。

淳熙五年（1178）初，为了上疏皇帝，陈亮再次来到临安。那时候，辛弃疾被调到临安任大理寺少卿。不久后，经由吕祖谦介绍，辛弃疾结识了陈亮。因为性情相投，政治主张也甚为相近，相识之后两人便成了极投契的朋友。此后，他们经常聚首，把酒倾谈，纵论天下。

那个春天，陈亮连续三次上疏，慷慨激昂地批判朝廷偏安江南的政策和儒生空谈误国的不良风气。此次上疏引起了孝宗的重视，召陈亮上殿，没想到，陈亮拒绝奉诏入殿。他说，上疏是为了恢复山河，并非为了做官。不久，他便离开临安回到了故里。

由于奏书直言不讳，得罪了权臣，陈亮因此被忌恨。回乡之后不久，他就被人控告，并以"言涉犯上"之罪被逮捕。入狱之后，陈亮受尽酷刑。孝宗获悉，念其心存社稷，下诏释放。陈亮回乡后，又发生了家僮杀人事件。仇家控告此事为陈亮指使，陈亮再次下狱。这次蒙难，幸好有宰相王淮和好友辛弃疾等人的营救，陈亮才得以免死。

孤绝傲岸，快意恩仇，这就是陈亮。

也只有这样的人，才能与辛弃疾一见如故。

他们相交，有诗酒情意，也有英雄所见略同的快味。

杜甫在《不见》一诗中写道："世人皆欲杀，吾意独怜才。"这首诗是写给李白的。意思是说，纵然全世界与你为敌，我仍旧钦慕你的人品才情，心疼你的境遇。辛弃疾对陈亮也是同样的情怀，无论是其才华还是性情，他都无比欣赏。反过来，陈亮对辛弃疾亦是如此。陈亮离世后，辛弃疾在《祭陈同甫文》中写道："人皆欲杀，我独怜才。"茫茫尘世，他们互为风景，亦互为灯火。

两次下狱，并没有消磨陈亮的意志。淳熙十五年（1188），他亲自到建康、京口等地观察地形，并且再次上疏，建议孝宗"由太子监军，驻节建康，以示天下锐意恢复"。然而，此次上疏不仅未到孝宗之手，反而因其内容指陈时弊，被不少朝臣敌视。

陈亮的再次上疏未果，还激怒了主和派，只得落寞回乡。辛弃疾闻讯，在为好友鸣不平的同时，胸中的抗金斗志再度燃起。他给陈亮写了一首《破阵子·为陈同甫赋壮词以寄之》，表示对他的声援和激励：

醉里挑灯看剑，梦回吹角连营。八百里分麾下炙，五十弦翻塞外声。沙场秋点兵。

马作的卢飞快，弓如霹雳弦惊。了却君王天下事，赢得生前身后名。可怜白发生！

这首词通过追忆早年抗金队伍豪壮的阵容气概以及自己的沙场生涯，表达了辛弃疾杀敌报国、收复河山的理想，抒发了壮志难酬、英雄迟暮的悲愤心情。放下诗笔，他仍是那个横刀立马、披肝沥胆的将军。

半生寥落，一剑霜寒。

醉卧沙场，戎马倥偬；匡扶天下，安济苍生。

这些，才是他毕生的愿望。

然而，许多年过去了，夙愿仍是夙愿，残梦仍是残梦。一段黯淡的时光里，有人醉眼迷离，满足于半壁江山；有人长吁短叹，感慨于山河破碎。辛弃疾与陈亮，都属于后者。

读到辛弃疾这首词，陈亮无比激动。到底是知音，知他心中所想，亦知他心中所悲。就像是沉寂的冬日蓦然间遇到东风，陈亮立刻从沮丧中跳出，变得斗志昂扬。他决定，立刻前往信州，与辛弃疾把酒倾谈。

陈亮行事与辛弃疾十分相似，也是雷厉风行。一想前往信州，他很快就出发了。既是知己，自可少了那些繁文缛节，因此他并未去信预约，而是直接前往。从永康到信州，近千里路，陈亮冒着风雪一路跋涉。寒冬，他终于来到了信州，来到带湖之畔。辛弃疾因为头一年好友韩元吉和汤邦彦相继离世，那些日子又身体抱恙，心情很是寥落。突然见到陈亮，他喜不自胜，病也好了大半。此时，距离他们临安相识，整整过去了十年。

两人把酒雪楼，秉烛夜谈，从人生聚散谈到家国社稷，无比欢洽。只是，说到朝廷的苟且偏安以及君臣的碌碌无为，两人都无比愤慨。直到深夜，两人才抵足而眠。

此后，辛弃疾带着病，不顾风雪严寒，与陈亮同游鹅湖，共饮瓢泉。那些天，他们也曾踏雪寻梅，也曾煮酒纵论天下。彼时，朱熹在崇安（今福建武夷山），与铅山相邻。陈亮约朱熹前来，可惜朱熹未至。陈亮和辛弃疾都甚觉遗憾。

不知不觉，陈亮已与辛弃疾同游十日。久候朱熹不至，陈亮便向辛弃疾作别，往故乡而去。次日，辛弃疾颇感意犹未尽，起身前去追赶陈亮，希望他多留几日。可惜，行至鸬鹚林时，一场大雪阻了去路，辛弃疾只好作罢。附近有个村庄叫方村（今属铅山青溪镇），辛弃疾找了家酒馆坐下来，喝着闷酒，怅然若失。这天晚上，他独宿于吴氏泉湖四望楼，不远处笛声传来，声音悲凉，他烦闷不已，彻夜难眠，写了首《贺新郎》：

把酒长亭说。看渊明、风流酷似，卧龙诸葛。何处飞来林间鹊，蹙踏松梢微雪。要破帽多添华发。剩水残山无态度，被疏梅料理成风月。两三雁，也萧瑟。

佳人重约还轻别。怅清江、天寒不渡，水深冰合。路断车轮生四角，此地行人销骨。问谁使、君来愁绝？铸就而今相思错，料当初、费尽人间铁。长夜笛，莫吹裂。

一场离别，两处无言。

凄凉的笛声，将长夜吹成了断肠天涯。

但更让辛弃疾悲伤的是，他和好友共同付与深情的大宋河山，仍是破碎的。此夜，纵有疏梅几点，点画于江山，也改变不了岁月的凄凉和他心中的萧索。

陈亮离去五六日后，来信向辛弃疾索要词作，辛弃疾便将这首《贺新郎》寄给了他。陈亮读完此词，十分感慨，也和了一首《贺新郎》。他在词中说，"但莫使、伯牙绝弦"，知己之情溢于言表。辛弃疾得词后，再和一首《贺新郎》：

老大那堪说。似而今、元龙臭味，孟公瓜葛。我病君来高歌饮，惊散楼头飞雪。笑富贵千钧如发。硬语盘空谁来听？记当时、只有西窗月。重进酒，换鸣瑟。

事无两样人心别。问渠侬：神州毕竟，几番离合？汗血盐车无人顾，千里空收骏骨。正目断关河路绝。我最怜君中宵舞，道男儿到死心如铁。看试手，补天裂。

男儿到死心如铁。

他们皆是将雄心壮志，给了一个破落的时代。

万丈豪情，一腔热血，注定被辜负。

几番唱和，有知己惜别之情，也有救国无望之恨。后来的日子，他们远隔千里，只能遥寄书信，从知己那里觅几分温暖。那些畅游山水、围炉夜话的画面，转眼就成了往事。

或许，人生于世，就是为了学会作别。

作别故人知己，作别江山风月。

最后，作别沉默的人世。

## 卷六：辗转风波里

红尘异地，随时可能是归程。

不荒废，亦不执着；感恩所见，不负尘缘。

活得丰盈快意，即是圆满。


## 万事到秋来，都摇落

人生不必波澜壮阔。

寂静而不失滋味，清简而常有意趣，如此，便是极好的人生。

其实，人生不过是在无垠的大地上，以身体为笔，画一个寂静的圆。无论是谁，都无法将其画得圆满。出发时，我们以一声啼哭落笔；离开时，我们在别人的哭声中收笔。我们空手而来，亦将空手而去，所以最重要的，是看途中的风景。

世界，可谓荒凉，也可谓缤纷。同样的世界，人们所见往往大相径庭，就像毛姆在《月亮与六便士》里所说："有人见尘埃，有人见星辰。"同样的闲日，有人百无聊赖，有人莳花种草、读书品茗。日子总是有意思的，了无生趣的是打不起精神的你。

辛弃疾以诗酒情怀，赋予时光意义。

此时，他还在他的稼轩，过着闲云野鹤的生活。

淳熙十四年（1187）十月，宋高宗赵构病死于临安。这位极力主和的皇帝，终于为他的人生画上了一个省略号。其人生得失，均留给后人评说。

这一年，朝廷给了闲居若干年的辛弃疾一个闲职：冲祐观奉祠。据《宋史·辛弃疾传》载："以言者落职。久之，主管冲祐观。"冲祐观在崇安（今武夷山），为道教活动场所。所谓奉祠，也叫宫观，是朝廷专门为那些受年龄或政见等因素影响无法入朝的官员特设的官职。依宋朝惯例，冲祐观奉祠可以不必前往崇安。因此，辛弃疾仍居信州。

次年初，邸报讹传辛弃疾因病挂冠，退隐田园。

宋朝于京城置进奏院，诸路州郡均有进奏吏。凡朝廷已行命令，已定差除黜罢，由门下后省每日编为定本，经宰执审阅，报行四方，是为邸报，亦称朝报。至南宋，又有所谓小报，其中所写，或是朝报未报之事，或是官员陈乞未施行之事，且有撰造命令，妄传事端，以无为有者。据《宋会要·刑法志》记载，当时甚至有人专以探报此等事为生，或得之于省院之漏泄，或得之于街市之剽闻，或任意杜撰，亦日书一纸以出。出局之后，省部寺监知杂司及进奏官悉皆传授，坐获不赀之利，以至遍达于州郡监司。邸报与小报夹杂流布，真伪难辨。

辛弃疾因王蔺弹劾而罢官，继而闲居信州。没想到，六年之后又有以病挂冠之说，显然是"小报"凭空杜撰。对于此讹传，辛弃疾哑然无语，写了首《沁园春》，题记："戊申岁，奏邸忽腾报谓余以病挂冠，因赋此。"

老子平生，笑尽人间，儿女怨恩。况白头能几，定应独往；青云得意，见说长存。抖擞衣冠，怜渠无恙，合挂当年神武门。都如梦，算能争几许，鸡晓钟昏。

此心无有亲冤。况抱瓮、年来自灌园。但凄凉顾影，频悲往事；殷勤对佛，欲问前因。却怕青山，也妨贤路，休斗尊前见在身。山中友，试高吟"楚些"，重与招魂。

人间世事，变幻莫测。

隐于山野，也未必能太平无事。

面对讹传，辛弃疾只能以词遣怀。他说，本已罢官许久，邸报讹传又让他再罢一次，因此，让山中故友再来招隐，颇有无可奈何之意。反过来细想，讹传之始作俑者，或许是看到辛弃疾又被赐以冲祐观奉祠之职，朝廷似有起复之意，便编造了这个谣言。毕竟，因病挂冠和被弹劾而罢官，是很不同的。不管怎样，写完了词，辛弃疾还得继续过自己的生活。

闲居信州的那些年，是辛弃疾创作的高峰期。他经常寄情于词，抒发感慨，发表议论。这一时期，辛弃疾的词数量繁多，题材广泛，有清丽婉约之词，也有慷慨激越之词。辛弃疾词名远播，写成之后往往很快便流传于市井。

淳熙十五年（1188）正月，弟子范开将辛弃疾的词收集成册，并编订印行，即《稼轩词甲集》。范开在序言的结尾记录，印行时间为淳熙戊申（淳熙十五年）正月元日。这部词集中共收入辛弃疾词作百余首，为稼轩词最早的刊本。

范开，字廓之，洛阳人。酷爱诗文，长于《楚辞》，善弹古琴，对辛弃疾十分仰慕。辛弃疾退居信州后，范开前来求教，其才学人品深得辛弃疾赏识。其后，范开便成为辛弃疾弟子，杖履相随多年，相处甚是融洽。在稼轩词中，有不少与范开的唱和之作。那些年，他们曾同游陌上，也曾小酌湖边。把酒言欢，纵论千古风流寂寞，自有一番醉意。一次，他们同游南岩，范开写了首《满江红》，辛弃疾也唱和一首《满江红·游南岩，和范廓之韵》：

笑拍洪崖，问千丈翠岩谁削？依旧是、西风白鸟，北村南郭。似整复斜僧屋乱，欲吞还吐林烟薄。觉人间、万事到秋来，都摇落。

呼斗酒，同君酌。更小隐，寻幽约。且丁宁休负，北山猿鹤。有鹿从渠求鹿梦，非鱼定未知鱼乐？正仰看、飞鸟却应人，回头错。

人间万事，终将摇落成尘。

与其执着于功名，不如退身林泉，与猿鹤为邻。

与山水结邻，辛弃疾乐在其中。只是偶尔，感叹人生。

另一次，辛弃疾约范开往山中游赏，范开久久不至。辛弃疾写了首《乌夜啼·山行，约范廓之不至》。

江头醉倒山公，月明中。记得昨宵归路、笑儿童。

溪欲转，山已断，两三松。一段可怜风月、欠诗翁。

不久后，范开唱和一首《乌夜啼》。辛弃疾兴起，又唱和一首《乌夜啼·廓之见和复用前韵》。词写得飘洒无碍，似信手拈来，却又意趣横生：

人言我不如公，酒杯中。更把平生湖海、问儿童。
千尺蔓，云叶乱，系长松。却笑一身缠绕、似衰翁。

淳熙十三年（1186），范开奉诏前往临安应试。临行前，辛弃疾赋《醉翁操》相送。其中写道："长松，之风。如公，肯余从，山中。人心与吾兮谁同？"显然，对辛弃疾来说，范开既是弟子亦是朋友。其后，辛弃疾又写了首《鹧鸪天·送廓之秋试》：

白苎新袍入嫩凉，春蚕食叶响回廊。禹门已准桃花浪，月殿先收桂子香。
鹏北海，凤朝阳，又携书剑路茫茫。明年此日青云上，却笑人间举子忙。

离别之际，甚是不舍。

但他作为老师，必须送弟子上路。

带着感伤，祝那书生有个灿烂前程。

几年后，范开将游建康，辛弃疾为他设宴饯行，写了首离别诗：《定风波·席上送范廓之游建康》。

*听我尊前醉后歌，人生亡奈别离何。但使情亲千里近，须信：无情对面是山河。*

*寄语石头城下水：居士，而今浑不怕风波。借使未如鸥鸟伴。经惯，也应学得老渔蓑。*

李叔同说：人生难得是欢聚，唯有别离多。

无论何时，离别都是人生无法避开的话题和情节。

离别的情节里，有长亭短亭，有折柳相赠，也有执手相看泪眼。而辛弃疾则说，只要感情常存于心，纵然天涯海角，也可彼此温暖。山河岁月无情，但人可以长情。词的下阕寄语建康故人，说自己退隐田园，已无宦海风波之虞。藏起了离愁，字句轻描淡写。送别之后，生活如常。

日子，在他手中，亦在他词中。

他的一颗心，浸透人间烟火，历尽世事风霜。

所以安宁，所以恬淡。

## 再入仕途

居庙堂之高，则忧其民；

处江湖之远，则忧其君。

心系社稷苍生的人，大抵如此。

范仲淹如是，辛弃疾亦如是。不知不觉，辛弃疾已在信州闲居近十载。那些年，身在云山草木之间，流连诗酒，吟诵风月，又常有至交好友前来相访，把盏酬唱，他的日子不可谓不快活。但他毕竟是忧国忧民的辛弃疾，并未因纵情湖山风月便将江山社稷之事忘却。国家安危、百姓疾苦，他始终惦记着。

淳熙十六年（1189）二月十八，宋孝宗禅位，皇太子赵惇即位，即宋光宗。宋孝宗被认为是南宋最有作为的皇帝，即位前期励精图治，有志于收复河山。可惜，他志向高远，却是才略不足，符离兵败后，便渐渐失去了北伐的信心和斗志。人到暮年，他将那残破不堪的江山交给了儿子赵惇。

与宋孝宗相比，宋光宗平庸了许多。他既无北伐中原之志，更无平定天下之能。这样庸碌的皇帝，虽身处王朝顶端，也不过是得过且过。显然，他无法给山河岁月、黎民百姓一个像样的交代。

不过，新君即位，朝中人事变动倒是不小。一些曾经炙手可热的朝臣不再得势，另一些从前不受重用的人则逐渐上位。绍熙二年（1191），对辛弃疾欣赏有加的赵汝愚出任礼部尚书。闲居已久的辛弃疾，也被重新起用。这年年末，因赵汝愚的建议，辛弃疾被任命为福建提点刑狱。据《宋史·辛弃疾传》载："绍熙二年，起福建提点刑狱。"此时，五十二岁的辛弃疾已不复当年的豪情壮志。不过，既然被起用，他只能前往赴任。至少，为官一任，可以造福一方。至于收复河山，他已知希望微茫。

绍熙三年（1192），春江水暖的日子，辛弃疾离开信州，前往福建。习惯了闲居生活，再次回归仕途，难免有些惘然。离开信州前，辛弃疾写了首《浣溪沙·壬子春赴闽宪别瓢泉》：

细听春山杜宇啼，一声声是送行诗。朝来白鸟背人飞。
对郑子真岩石卧，趁陶元亮菊花期。而今堪诵《北山移》。

　　仕与隐，是旧时读书人普遍存在的矛盾心理。入仕为官，便要面对其中的诡诈和风雨；退隐林泉，便是远离喧嚷，与山水云月为邻。后者虽然令人神往，但作为儒家仕子，治国平天下的思想根深蒂固，因此很多人一生都处在矛盾之中。隐居十年后再被起用，辛弃疾也被这种矛盾困扰着。

　　正因为这种矛盾心理，辛弃疾虽被起用，却不见欢喜。在这首词里，我们看到的是他对于田园山水的留恋。古代诗人常以鸥鸟背人来讽刺那些追名逐利之人。如温庭筠《渭上题三首》诗云："桥上一通名利迹，至今江鸟背人飞。"

　　辛弃疾退隐之初，曾在《水调歌头·盟鸥》中写道："今日既盟之后，来往莫相猜。"希望与鸥鸟结盟，两不猜疑；后来，他在《丑奴儿近·博山道中效李易安体》中写道："却怪白鸥，觑着人、欲下未下。旧盟都在，新来莫是，别有说话？"责怪鸥鸟有背盟之嫌。而现在，他即将重返仕途，于鸥鸟，这无疑是背盟之举，所以背人而飞。这些词，对比来读，意味深长。

　　对于信州，辛弃疾无比留恋。带湖风月、瓢泉烟水，还有信州许多地方，他都舍不得离开。他也想如陶渊明那样，种菊饮酒为生；

他也想如郑子真那样，耕作岩石之下。只是，他心中的夙愿虽然渺茫，却也不曾熄灭。而且，在流连山水与照拂黎民之间，他选择了后者。不久后，辛弃疾便上路了。但他定然记得自己《洞仙歌》中那几句："父老约重来，问如此青山，定重来否？"此时，他无法给出答案。

他去了，一路风尘。

山水云月和许多诗酒故事，注视着他的背影。

杜宇声声，皆是送行的诗。

经过崇安时，辛弃疾特地前往拜访了朱熹。据《陆象山先生年谱》载，绍熙三年（1192）四月十九日，朱熹在写给陆九渊的信中说："近辛幼安经由，及得湖南朋友书，乃知政教并流，士民化服，甚慰。"

朱熹与陈亮私交甚好。陈亮称辛弃疾为"文中之虎"，称朱熹为"人中之龙"。因此，淳熙十五年（1188）陈亮与辛弃疾鹅湖相会时，曾特意邀请朱熹，然而后者并未前往。对此，朱熹后来给陈亮去信解释，称自己年事已高，只想安心著书立说，不愿多理世事。

其实，真实的原因是，朱熹虽为主战派，但他与陈亮和辛弃疾的观点相去甚远。他心里清楚，陈亮邀他前往，必是为了商讨北伐中原之事。既然主张不同，即使去了也无非是做一番口舌之争。因此，他明知会驳老友的面子，还是未曾赴约。

对于辛弃疾的才学和人品，朱熹十分欣赏。当年，辛弃疾被罢官，朱熹对弟子说："辛幼安亦是个人才，岂有使不得之理！"据邓广铭《辛弃疾传·辛稼轩年谱》载，淳熙九年（1182）秋，朱熹路过上饶，曾与辛弃疾相会于带湖之畔。饮酒赋诗，坐而论道，自有一番快意。此后，他们时有书信往来。

朱熹作为一代宗师，辛弃疾对他是由衷钦佩。对辛弃疾来说，比他年长十岁的朱熹，是忠厚长者，亦是良师益友。因此，路过崇安，他特意前去拜访。故友相见，无须客套，更无须排场。几杯薄酒，几番闲谈，已是无与伦比的乐事。据《朱子语类·中兴至今日人物》记载，辛弃疾向朱熹请教为政之道，朱熹的回答是：临民以宽，待士以礼，驭吏以严。

论道之余，他们也曾同游武夷山。武夷山有三十六峰、九十九岩，层峦叠嶂，九曲溪贯穿其中，蜿蜒十余里。畅游此间，或游走山间，或泛舟水上，皆有不尽的快意。若干年前，朱熹与友人同游九曲溪，作了《九曲棹歌》十首。这日，辛弃疾与老友同游武夷山，兴之所至，也作了十首诗，题为《游武夷·作棹歌呈晦翁十首》。《宋史·辛弃疾传》载："尝同朱熹游武夷山，赋《九曲棹歌》。"以下为其中四首：

> 玉女峰前一棹歌，烟鬟雾髻动清波。
> 游人去后枫林夜，月满空山可奈何。

> 巨石亭亭缺啮多，悬知千古也消磨。
> 人间正觅擎天柱，无奈风吹雨打何。

> 自有山来几许年，千奇万怪只依然。
> 试从精舍先生问，定在包牺八卦前。

山中有客帝王师，日日吟诗坐钓矶。
费尽烟霞供不足，几时西伯载将归？

闲倚烟霞，安坐钓矶。

在辛弃疾眼中，朱熹是这样寂静而超脱。

而且，在辛弃疾看来，以朱熹之才，足以为帝王之师。后来，朱熹生辰，辛弃疾作诗《寿朱晦翁》以赠。辛弃疾在诗中写道："历数唐尧千载下，如公仅有两三人。"意思是，纵观今古，能与朱熹比肩的，寥寥数人而已。

辛弃疾在福建任职期间，与朱熹游从甚繁，相交甚笃。第二年，辛弃疾被调往临安，离开福建前又前去拜访了朱熹。几年后，辛弃疾再次被罢官，又回到信州，住在瓢泉。朱熹为他的两间宅室题写了匾额，分别为"克己复礼"和"夙兴夜寐"。朱熹对辛弃疾，有欣赏，亦有关怀。

不久后，辛弃疾来到了任所。

仕途仍似从前忽明忽暗。

浮沉起落，尽在一夕之间。


富贵非吾事，归与白鸥盟

往往我们以为，道路就在脚下。

然而，很多时候，道路在我们心中。

心中有路，即使是风雨如晦、岁月凄迷，我们仍能借一盏弱灯，勇敢地走下去。

仕途颠簸，阴晴难测。

但辛弃疾还是再次踏了上去，像个游客。

几分坚定，几分宠辱不惊。

如今，辛弃疾来到了历史悠久的福州。春秋时，越国被灭，勾践后裔南迁于此，建立城市，即为福州。

五代时闽王王审知扩建城池，将风景秀美的于山、乌山、屏山划入城内，形成福州"山在城中、城在山内"的独特风貌。因此，福州亦称"三山"。

提点刑狱为监察官吏，掌管刑狱之事。福建人口密集，百姓成分复杂，给案件审理带来了很大难度，因此积案很多。辛弃疾上任后，立即查阅案卷，还亲自前往各地考察，处理多年积案。

据南宋理学家真德秀《西山文集》记载，当时汀州有一桩疑案，多年未决。辛弃疾了解到上杭县令鲍粹然处事果决，善于处理疑案，便向知州推荐鲍粹然。知州于是委派鲍粹然审理此案，不久后案情即真相大白。

在核查案件时，辛弃疾仍是从前的作风，雷厉风行，绝不徇私情。对蒙冤之人，他一律释放，而对有罪之人，他严惩不贷，既公正，又严苛。如此行事，惠及百姓，却也得罪了很多达官贵人。但辛弃疾从不后悔，他为官只为造福黎民，不愿攀附权贵。从前如此，现在依然如此。

当时的福建安抚使林枅为人耿介，性情豪爽，为官亦清正，勤勉于公事，以造福黎民为己任。林枅字子方，即杨万里《晓出净慈寺送林子方》中提及之林子方。由于政见不同，林枅与辛弃疾多有龃龉。辛弃疾只是个提点刑狱，许多想法无法付诸实施，他甚感憋屈，却也只能默然承受。为了排解愁闷，他经常到福州西湖游赏。有时候，他也会邀两三好友一起前往。某次，与几位好友同游西湖，他写了首《小重山·三山与客泛西湖》：

绿涨连云翠拂空。十分风月处，著衰翁。垂杨影断岸西东。君恩重，教且种芙蓉。

十里水晶宫。有时骑马去，笑儿童。殷勤却谢打头风。船儿住，且醉浪花中。

水光潋滟，云影如诗。

泛舟湖上，仿佛身在杭州西湖。

五十三岁的辛弃疾，既有游赏山水之乐，亦有寄身仕途之愁。与好友同游，有时纵马水边，有时泛舟湖上。只是，纵马水边总被儿童嘲笑，泛舟湖上又常遇打头之风。于是他说，既然如此，不如就将船停在水中，醉赏浪花。词中所写"打头风"，似在暗示自己虽身在官场却受制于人，难有作为。

绍熙三年（1192）九月，林枅去世，辛弃疾暂摄安抚使之职。据《宋史·辛弃疾传》载："弃疾为宪时，尝摄帅。"不过，几个月后，他便被召入了朝廷。

这年年末，朝廷下诏给辛弃疾，限期要他赶往临安。他不得不立即起程。赋闲在家的原四川平江守陈端仁设宴为他饯行。席间，因为新年将至却不得不起程赶路，又兼前途未卜，辛弃疾心绪很是不佳。他写了首《水调歌头》，题记："壬子三山被召，陈端仁给事饮饯，席上作。"

长恨复长恨，裁作短歌行。何人为我楚舞，听我楚狂声？余既滋兰九畹，又树蕙之百亩，秋菊更餐英。门外沧浪水，可以濯吾缨。

一杯酒，问何似，身后名？人间万事，毫发常重泰山轻。悲莫悲生离别，乐莫乐新相识，儿女古今情。富贵非吾事，归与白鸥盟。

功名利禄，是非成败，转眼即空。

追名逐利，苦心孤诣，只会落得满心萧索。

倒不如，一壶酒，一张琴，与青山白云结邻。

闲居十年后，辛弃疾虽有拯救苍生之心，但是对仕途已经了无兴致。因此，他动辄就说要重返林泉山水。世间之事，多的是污浊与晦暗，少的是清白和公正。既然如此，与其寄身官场，受俗事所累，不如退身田园，与山水为伴，与鸥鸟结盟。

这首词的下阕，辛弃疾在批判轻重颠倒、是非不分的社会现实的同时，也表明了自己决不随波浮沉的处世态度。如今，虽然换了皇帝，但朝廷依旧碌碌无为。收复河山，几乎无从说起。此番入朝，辛弃疾并未抱多大希望。不管怎样，他仍是从前那个耿介孤傲的辛弃疾，不屑于阿谀奉迎，亦不屑于蝇营狗苟。

绍熙四年（1193）正月，辛弃疾抵达临安，宋光宗在便殿召见了他。此次召对，辛弃疾就如何加强荆襄等地防务提出了几点意见。面对光宗，辛弃疾不卑不亢，应对自如。召对之后，他将召对内容诉诸文字，表奏光宗，即《论荆襄上流为东南重地疏》。

在这份奏疏中，辛弃疾写道：

> 臣窃观自古南北之分，北兵南下，由两淮而绝江，不败则死；由上流而下江，其事必成。故荆襄上流为东南重地，必然之势也。虽然，荆襄合而为一则上流重，荆襄分而为二则上流轻。上流轻重，此南北之所以为成败也。六朝之时，资实居扬州，兵甲居上流。由襄阳以南，江州以西，水陆交错，壤地千里，属之荆州，皆上流也。故形势不分而兵力全，不事夷狄而国势安。其后荆襄分而梁以亡，是不可不知也。今日上流之备亦甚固矣，臣独以为缓急之际，犹泛泛然未有任陛下之责者。

辛弃疾认为，加强荆襄地区的守备，对守土安邦有重要作用。关于加强荆襄守备，辛弃疾的建议是：

> 自江以北，取襄阳诸郡合荆南为一路，置一大帅以居之，使壤地相接，形势不分，首尾相应，专任荆襄之责；自江以南，取辰、沅、靖、沣、常德合鄂州为一路，置一大帅以居之，使上属江陵，下连江州，楼舰相望，东西聊亘，可前可后，专任鄂渚之责。

据此建议，重新划分京西南路、荆湖北路区域，选能臣镇守，两路相互照应，防线必能稳固。同时，辛弃疾还希望即位不久的宋光宗居安思危，任用贤能。

召对之后，辛弃疾被任命为太府寺少卿。太府寺主要掌管国家财货政令，以及库藏出纳等事。太府寺少卿为从四品，辛弃疾罢官闲居多年，起复未久便回到这个位置实属不易。然而，与这个官衔相比，辛弃疾更在意的是那封事关社稷安危的奏书能否被重视。可惜，那份奏书很快就被束之高阁了。他的深谋远虑未受重视，一如从前。

这是辛弃疾的无奈。一腔热忱，满腹才略，错付给了一个恹恹欲睡的王朝。在太府寺少卿任上，辛弃疾时常百无聊赖。很快，他就萌生了隐退之意。没想到，少不更事的儿子竟以官做得不够大、俸禄级别不够高为由阻止他。辛弃疾便写了首《最高楼》责骂儿子：

> 吾衰矣，须富贵何时？富贵是危机。暂忘设醴抽身去，未曾得米弃官归。穆先生，陶县令，是吾师。
>
> 待葺个园儿名"佚老"，更作个亭儿名"亦好"，闲饮酒，醉吟诗。千年田换八百主，一人口插几张匙？便休休，更说甚，是和非。

"隐退"二字，始终在辛弃疾心中盘桓。

与险恶仕途相比，他更喜欢烟村那份安详静谧。

据《晋书·诸葛长民传》载，东晋末年，诸葛长民深得刘裕信任，权倾一时。他贪婪奢侈，多聚金银珍宝，大建府第宅院。可惜显赫的地位并没给他带来多少快乐。相反，由于时时担心有杀身之祸，他食不甘味，寝不安席，竟至一月中有十几夜被噩梦惊醒。他曾叹息说："贫贱常思富贵，富贵必履机危。"后来他果然为刘裕所杀。

辛弃疾先用此典故意在表明，功名富贵既是浮云，又是祸端。要想远离祸端，就应急流勇退，辞官归隐。接着他又以穆生典故做对比。《汉书·楚元王传》记载，汉高祖刘邦之弟刘交被封楚王，他以穆生、白生、申公等三人为中大夫，对他们礼遇有加。穆生不喜饮酒，刘交开宴时，特地为他"设醴"（摆上度数不高的米酒）。后来刘交的孙子刘戊为王，某次忘了为穆生设醴，穆生觉得被怠慢，毅然辞官。不过，辛弃疾最欣赏的是陶渊明。当年，陶渊明挂印而去，一身潇洒。此等风采，让辛弃疾羡慕不已。据统计，辛弃疾流传下来的词作共六百余首，其中提及陶渊明、引用陶渊明诗文的，有六十首之多。

只是，他心系苍生，对平生夙愿仍抱有一丝希望，因此并未立即辞官而去。但他厌倦是非名利，向往林泉山水，却是毋庸置疑的。

他说，千年田换八百主。

富贵荣华，皆如幻梦。

广厦千间，良田万亩，也终是身外之物。

人生苦短，与其执着于此，不如归去山野。

闲饮酒，醉吟诗。


## 记得瓢泉快活时

人生如寄，处处皆是天涯。

却也可以说，足迹所至，俱是归途。

人生的路上，风雨有之，荆棘有之，离散有之，荒凉有之。一段路无论平坦或是坎坷，走完了便应该将目光投向下一段路。前尘往事，只应藏在心底，将其视为看不见的灯火，照我们前行。活在人间，最重要的是，把心安顿好。如此，足迹所至，皆为归处。正如苏东坡词中所写：此心安处是吾乡。

相聚与离别，得意或失意，辛弃疾都可以借着清风明月，饮几杯酒，将心情安置在文字中，使其于岁月深处，沉淀出几分悠然。如今，他在临安，几分闲适，几分无聊。

半年之后，辛弃疾被外派到福建，任福州知州兼福建安抚使，加集英殿修撰。官秩为朝散大夫，高于过去的奉议郎。《淳熙三山志》载："辛弃疾，绍熙四年八月以朝散大夫集英殿修撰知。"《宋史·辛弃疾传》载："加集英殿修撰，知福州兼福建安抚使。"

绍熙四年（1193）秋，辛弃疾又回到了福州。与压抑的朝廷相比，身在福州显然要轻松许多。更重要的是，作为福建军政最高长官，他可以大展拳脚，以己之才学，为当地黎民百姓做些实事，造福一方。平定天下是他的夙愿，安济黎民也是他的夙愿。

被朝廷起复之后，辛弃疾前后在福建任职近两年。前次身为提点刑狱，受福建安抚使掣肘，他很是苦闷。而现在，他可以将许多想法付诸实施。在福建安抚使任上，辛弃疾主要做了两件大事：推行"经界"法和"钞盐"法。

中国古代的税制，分人头税和田亩税两种。旧时百姓，收入大都来自土地，按照人头纳税。唐朝后期，朝廷取消了人头税，开始推行"量税制"，即每年夏秋两季，两次作物成熟后征税。两宋沿用"量税制"，征税多少以田亩多寡来计算。但是，从北宋末期开始，由于战事频仍，土地兼并严重，百姓拥有的田亩数发生了很大变化，而朝廷仍按多年前登记在册的数量征税，许多百姓无力承受。

基于这种情况，宋高宗绍兴年间，朝廷重新丈量和统计土地，作为新的征税依据，这叫作"经界"法。不过，当时闽南漳州、泉州、汀州三地因时局混乱，"经界"法未能推行，因此社会问题极为严重。赵汝愚曾两次知福州，其间曾给朝廷上《论汀赣盗贼利害奏疏》，陈述当地的纳税情况，请求推行"经界"法。然而，推行此法，百姓虽支持，当地豪强却极力反对，因此受阻。

绍熙元年（1190），朱熹知漳州，上疏朝廷请求推行"经界"法。宋光宗虽然同意，但是很多人反对，甚至不少朝臣也上疏劝阻，光宗只好下诏暂停此事。次年，长子朱塾去世，朱熹辞官。此次，辛弃疾到福建任安抚使，朱熹特地嘱咐他，希望他继续推行"经界"法。

辛弃疾在调查后了解到，漳州、泉州百姓并不欢迎"经界"法，唯独汀州百姓支持。于是，他上疏朝廷，说"天下之事，因民所欲行之，则易为功。"所谓心系苍生，就是要尽力为百姓着想，不仅要造福于民，还要顺应民意。

其实，生活中亦是如此。你想对一个人好，必须了解其需求和心意，然后再给予。反之，一厢情愿，不能换位思考，即使付出再多，也难以讨得对方欢心。

食盐作为百姓生活必需品，无论古今，消耗量都极大。在古代，为了财政收入，朝廷非常重视对食盐生产和销售的管控。很多时候，官府垄断盐业，严禁私营。南宋时，全国盐业政策不统一。比如在福建，福州、泉州、漳州、兴化四州实行"钞盐"法，即官府发行"盐钞"，卖给盐商，盐商凭盐钞购盐，再卖给百姓；而不产盐的建宁、南剑、汀州、邵武四地实行盐业官营，不许私人贩卖。官盐质量一般，价格却高于私盐，因此百姓更愿意购买私盐。而且，官府垄断盐业，也有很多弊端，比如中饱私囊，强买强卖。官盐卖不出去，官府往往强行派购给百姓，百姓苦不堪言。在福建安抚使任上，辛弃疾给朝廷上书《论经界、盐钞劄子》，向光宗陈述推行"经界"法和"钞盐"法的必要性。经光宗同意，辛弃疾在汀州试行两法，颇见成效。

在福建，辛弃疾的为官方针为"务为镇静"四字，也就是尽其所能，使地方安定，百姓安宁。为此，辛弃疾着力于储备粮食、建立军队、平反冤狱等事。《宋史·辛弃疾传》载："未期岁，积镪至五十万缗，榜曰'备安库'。谓闽中土狭民稠，岁俭则籴于广，今幸连稔，宗室及军人入仓请米，出即粜之，候秋贾贱，以备安钱籴二万石，则有备无患矣。又欲造万铠，招强壮，补军额，严训练，则盗贼可以无虞。"

在解决了粮食储备问题之后，辛弃疾开始着手解决盗贼问题。据《宋史·辛弃疾传》载，他在暂摄福建安抚使时，就曾感叹："福州前枕大海，为贼之渊，上四郡民顽犷易乱，帅臣空竭，急缓奈何！"福建临海，常有海盗出没，劫掠百姓。福建多山地，易于盗贼藏匿，官府欲剿海盗往往大伤脑筋。

为了解决盗匪之患，辛弃疾计划在福建仿效在湖南创建飞虎军的做法，打造一万铠甲，招募兵丁，并进行严格训练，建立一支战斗力极强的军队。有此军队，既能震慑盗匪，也能加强海防。可惜计划尚未实施，他就被朝廷罢免了。

任福建安抚使时，辛弃疾始终未忘记朱熹的建议：临民以宽，待士以礼，驭吏以严。他爱民如子，对黎民百姓满怀关切。而对手下官吏，他却是无比严厉。真德秀在《西山文集》中说他："历威严，轻以文法绳下，官吏惴栗，惟恐奉教条，不逮得遣。"意思是，辛弃疾对下属官吏极其严厉，动辄就以律法追究，那些官吏战战兢兢，生怕因行事出错而被责罚。

但在公务之余，他也有不少生活趣事。有一件就与诗人彭止有关。据《闽书》载，某日彭止求见，正逢辛弃疾午睡，便题诗而去，诗云："棋子声乾案接尘，午窗诗梦暖于春。清风不动阶前竹，谁道今朝有故人。"辛弃疾醒来后，看到那首诗，甚是欣喜，于是派人去追彭止。其后，两人诗酒相酬，延留累月。有爱民之心，有诗酒情怀，这就是辛弃疾。

虽公务繁忙，辛弃疾还是会偷得闲暇，流连三山风景。不过，游山玩水的时候，他总会想起信州，想起他的带湖和瓢泉。这天，饮着酒，他又忆起了瓢泉，于是写了首《添字浣溪沙·三山戏作》：

记得瓢泉快活时，长年耽酒更吟诗。蓦地捉将来断送，老头皮。
绕屋人扶行不得，闲窗学得鹧鸪啼。却有杜鹃能劝道，不如归。

这首词，上阕以回忆闲居带湖时的生活为开端，以隐居时的诗酒流连来反衬官场的不自由，其中也有对前途未卜的担忧。辛弃疾深知，官场之中风云变幻，一舟独行，随时都可能遭遇暗流和风波。下阕写自己年老力衰之状，结语又以杜鹃的"不如归去"，表明了他的真实意愿。

人在仕途，如身陷樊笼。

与此相比，那些耽酒吟诗的日子实在太快活。

因此辛弃疾诙谐地说，突然被朝廷捉到这里，真担心断送了老命。这里用了一个典故。据《苕溪渔隐丛话》记载，宋真宗在封禅泰山后，寻访天下隐逸名士。在召对杨朴时，问其临行是否有人作诗相送。杨朴说，其妻有诗云："更休落魄耽杯酒，且莫猖狂爱吟诗。今日捉将官里去，这回断送老头皮。"真宗听罢大笑，遂放其归山。

宦途羁束，辛弃疾总想着摆脱。

于是他在词的结尾说，杜鹃也来相劝，不如归去。

是的，他总会归去，与山水重逢。


## 自是三山颜色好

周作人说："得半日清闲，抵十年尘梦。"

李涉说："因过竹院逢僧话，偷得浮生半日闲。"

很多人之所以活得愁闷无聊，是因为少了一份赏景之情。活在人间，我们固然要为了生计和理想而奔忙，但也应偶尔停下脚步，看看月色，听听雨声。如此，平淡的生活能平添几分意蕴。

对辛弃疾来说，造福于民可以让他安心，坐卧云水可以让他欢愉。福州虽不似江南那般清雅多姿，却也是古朴有致，俏丽温婉。杭州有西湖，苏轼赞其如西子，淡妆浓抹总相宜。其实，福州也有一个西湖，为晋太康三年（282）郡守严高所凿，唐末已是风景绝佳处，游人络绎。辛弃疾喜爱山水，身在福州，自然是西湖的常客。游赏西湖，辛弃疾写过多首词，比如下面两首《贺新郎》：

觅句如东野。想钱塘、风流处士，水仙祠下。更隐小孤烟浪里，望断彭郎欲嫁。是一色空濛难画。谁解胸中吞云梦，试呼来、草赋看司马。须更把，上林写。

鸡豚旧日渔樵社。问先生、带湖春涨，几时归也。为爱琉璃三万顷，正卧水亭烟榭。对玉塔微澜深夜。雁鹜如云休报事，被诗逢敌手皆勍者。春草梦，也宜夏。

碧海成桑野。笑人间江翻平陆，水云高下。自是三山颜色好，更著雨婚烟嫁。料未必龙眼能画。拟向诗人求幼妇，倩诸君妙手皆谈马。须进酒，为陶写。

回头鸥鹭瓢泉社。莫吟诗莫抛尊酒，是吾盟也。千骑而今遮白发，忘却沧浪亭榭。但记得瀼陵呵夜。我辈从来文字饮，怕"壮怀激烈"须歌者。蝉噪也，绿阴夏。

三山如画，烟雨如诗。

其诗情画意，非画家可画，非诗人可写。

闲暇时，满头白发的辛弃疾来到西湖，或漫步湖畔，或泛舟湖中，于闲适中流放光阴。这里虽不是杭州西湖，却也是山水相照，风姿绰约。置身其中，饮几杯酒，吟几句诗，快意无边。

他会想起梅妻鹤子的林和靖，仰慕其孤绝冷傲；他会想起壮志难酬的岳武穆，感叹其壮怀激烈。或许，他也会想起深情的白居易，想起豁达的苏东坡。然后，望着悠悠湖水，他也会回味前尘往事，忆起少年时的意气风发，感叹浮生如梦。

在西湖畔，辛弃疾想起最多的是带湖和瓢泉，以及那些酬酢云山的日子。此时，身在官场，虽也能临山近水，但羁束在身，心境自然无法与闲居带湖时相比。不过，心境虽异，饮酒填词的画面却是相同的。云水之间，扁舟一叶。对斜风细雨，听蛙鸣蝉噪，悠然自得。

某天，细雨之中，辛弃疾畅游西湖，写了首《贺新郎·三山雨中游西湖，有怀赵丞相经始》。赵丞相即赵汝愚，据《淳熙三山志》载，赵汝愚任福建安抚使时，曾上书请求疏浚西湖。辛弃疾被重新起用，便是因赵汝愚推荐。因此，独步西湖，他填词以寄。

翠浪吞平野。挽天河谁来照影，卧龙山下。烟雨偏宜晴更好，约略西施未嫁。待细把江山图画。千顷光中堆滟滪，似扁舟欲下瞿塘马。中有句，浩难写。

诗人例入西湖社。记风流、重来手种，绿阴成也。陌上游人夸故国，十里水晶台榭。更复道横空清夜。粉黛中洲歌妙曲，问当年鱼鸟无存者。
堂上燕，又长夏。

"水光潋滟晴方好，山色空蒙雨亦奇。"在苏东坡的笔下，杭
州西湖是这般模样。

而在辛弃疾看来，福州西湖亦是烟水有韵，风月无边，不逊于
杭州西湖。苏轼将杭州西湖比作西施，辛弃疾则说，福州西湖是未
嫁西子。未嫁女子，不施粉黛，亦是清水出芙蓉，惹人怜爱。由此
可见，辛弃疾对福州西湖甚是喜爱。

赵汝愚曾两次知福州兼福建安抚使。第一次，他疏浚西湖，并
在湖畔种植花草树木。因此，辛弃疾说，赵汝愚第二次来这里任职时，
已是花树满堤，以此表达对赵汝愚功业的钦慕和赞许，同时比拟其
仕途春风得意。

五代时，闽王王审知在此立国，在西湖修筑水晶台谢，常携后
宫佳丽畅游。多年以后，旧日繁华不再，西湖走过的多是寻常百姓。
繁华寂寞，沧海桑田，世事总在变换中，无声无息。名利地位，终
会被时光磨成尘屑。所以，刘禹锡在《乌衣巷》中这样写道：旧时
王谢堂前燕，飞入寻常百姓家。

绍熙四年（1193）冬，辛弃疾先是染了风寒，后又牙疼。尽管如此，
他还是没忘饮酒；梅花盛开时，他依旧带病赏梅。赏梅后，他写了
首《鹧鸪天·用韵赋梅》，题记："三山梅开时，犹有青叶盛，余
时病齿。"

病绕梅花酒不空，齿牙牢在莫欺翁。恨无飞雪青松畔，却放疏花翠叶中。冰作骨，玉为容。当年宫额鬓云松。直须烂醉烧银烛，横笛难堪一再风。

冰作骨，玉为容。

梅花高洁，因此孤绝的诗人们常以之自喻。

辛弃疾喜欢的，有梅花的孤芳自赏，也有小酌梅花树下的闲情。可惜福建地暖，梅花盛开时，把酒树下，却无飞雪佐酒，辛弃疾引以为憾。

后来，辛弃疾还写过一首《卜算子·齿落》：

刚者不坚牢，柔底难摧挫。不信张开口了看，舌在牙先堕。已阙两边厢，又豁中间个。说与儿曹莫笑翁，狗窦从君过。

尘世间越是坚硬之物就越容易折断，看起来柔弱之物反而生命力顽强。他说，若是不信，就张嘴看看，舌头完好无损，牙齿却已脱落。那时候，辛弃疾两边槽牙已经掉光，中间的切齿也已开了个大洞。对此，辛弃疾无奈地请孩子们莫嘲笑，还说，稀落的牙齿似狗洞，可以供孩子们进出玩耍。剑气如虹是他，诗酒纵横是他，诙谐幽默也是他。

关于牙疼，古代很多诗人有过切肤之痛。白居易有诗《病中赠南邻觅酒》："头痛牙疼三日卧，妻看煎药婢来扶。今朝似校抬头语，先问南邻有酒无。"牙疼到卧床，还是要觅酒来喝。而宋朝的李昖在牙疼时写过一首诗，正文寻常，诗名却让人惊愕：《齿疾未平灸疮正作新诗又至奇韵难当暗忍呻吟》。大概意思是：牙疼未愈，又患痔疮，还得忍着痛苦写诗。

牙疼到一定境地，离脱落就不远了。陆游牙齿不断脱落时，写过几首诗。他在《病齿》中说"当堕末堕齿难留"，后来又在《对酒作》中说"齿落不废嚼，足跛尚能履。"意思是，牙齿掉了还能吃饭，腿脚跛了还能走路，倔强而又无奈。

韩愈也写过一首《落齿》，其中写道："去年落一牙，今年落一齿。俄然落六七，落势殊未已。"意思是，去年掉一颗，今年又掉一颗，不知不觉已掉了六七颗，一发不可收拾。诗的最后，他说"语讹默固好，嚼废软还美。因歌遂成诗，持用诧妻子"。意思是：说话多误，那就经常缄默也好；不能咬嚼，那就专吃软的东西，也同样味美。把落齿的经历写成诗，让妻子和孩子们笑笑，其境况，与辛弃疾写那首《卜算子·齿落》时一般无二。

饱受牙疼困扰的冬天，终于过去了。

草长莺飞的日子，辛弃疾再次游赏福州西湖。

闲坐湖畔，他写了首《行香子·三山作》：

好雨当春，要趁归耕。况而今、已是清明。小窗坐地，侧听檐声。恨夜来风，夜来月，夜来云。

花絮飘零，莺燕丁宁。怕妨侬、湖上闲行。天心肯后，费甚心情。放霎时阴，霎时雨，霎时晴。

辛弃疾与李清照并称"济南二安"。李清照风骨、才情不让须眉，辛弃疾对她甚是欣赏。他的一些婉约词颇有易安神韵，甚至有模仿迹象。这首词的结尾，与多年前李清照写的《行香子·七夕》结尾"甚霎儿晴，霎儿雨，霎儿风"极其相似。古人写诗，将别人的个别诗句信手拿来放在自己诗里，是常有之事。辛弃疾欣赏李清照，借用其词句，也算是表达一份敬意。

官场，终是是非之地。

偶尔觅得闲情，大多数时候辛弃疾还是甚觉疲惫。

阴晴无定，风雨难测，眼中的世界如此，身处的官场亦是如此。花絮飘零，黄莺燕子却细心叮嘱，莫妨碍游人赏景之心。其实，水流花谢，皆属造物手笔。于辛弃疾，来去由皇帝所定。这首词，写的是春景，述的是愁心。

或许，那个春天，辛弃疾已感觉到了山雨欲来。

他说，好雨当春，应归去耕作于陌上。

山水田园，他无比留恋，无奈身不由己。

春和景明，他却有些惆怅。


## 问人生，得意几何时

日子，充实中不无哀愁。

幸好，有山水云月，有诗酒平湖。

当然，还有若干好友，泛舟闲话，把酒狂歌。

继辛弃疾之后，任福建提点刑狱的是卢国华。卢国华本名卢彦德，国华为其字。《福建通志》载："卢彦德，丽水人，绍兴二十四年进士，绍熙间任。"辛弃疾与卢国华很是投契，时常相聚闲谈，饮酒酬唱。稼轩词中，有数首提及卢国华，比如这首《满江红·和卢国华》：

汉节东南，看驷马、光华周道。须信是、七闽还有，福星来到。庭草自生心意足，榕阴不动秋光好。问不知、何处著君侯，蓬莱岛。

还自笑，人今老。空有恨，萦怀抱。记江湖十载，厌持犨垒。濩落我材无所用，易除殆类无根潦。但欲搜、好语谢新词，羞琼报。

人生失意，命运多蹇。

把酒吟唱之时，忆起前尘往事，顿觉满心凄凉。

空有壮志在心，终是无处安放。不知不觉，人已年过半百，思及一路风尘，辛弃疾不禁感叹：天生有才，却无用处。李白诗云，"天生我材必有用，千金散尽还复来"，那是属于诗仙的飘洒快意。辛弃疾以收复河山为夙愿，却是英雄无用武之地，难免悲凉。江山只剩一隅，南宋朝臣却耽于享乐，全然不顾家国破碎之耻。辛弃疾看在眼里，却无可奈何。他只能借诗酒遣怀，在醉意中暂忘愁苦。

后来，卢国华被调往建安任职，离开福州前，同僚为他设宴践行，辛弃疾酩酊大醉，醒来后见卢国华赋词，便唱和了一首《满江红》，题记为："卢国华由闽宪移漕建安，陈瑞仁给事同诸公饯别，余为酒困，卧青涂堂上，三鼓方醒。国华赋词，席上和韵。青涂，端仁堂也。"

宿酒醒时，算只有、清愁而已。人正在、青涂堂上，月华如洗。纸帐梅花归梦觉，筮藜鲈脍秋风起。问人生、得意几何时，吾归矣。

君若问，相思事，料长在，歌舞里。这情怀只是，中年如此。明月何妨千里隔，顾君与我如何耳。向尊前、重约几时来，江山美。

李白说，人生得意须尽欢。

其实，得意也好，失意也罢，都不该辜负诗酒。

春风得意之时，固然要把酒长歌；失意落魄之时，也不妨与青山为邻，与风月对酌，将人间万事放在酒杯里，一饮而尽。无论如何，山河草木都还在身边，你能深情以对，世间万物也能报以深情。

陈继儒在《小窗幽记》里写道："纸帐梅花，休惊他三春清梦；笔床茶灶，可了我半日浮生。"此时的辛弃疾，想要的生活大抵如此。平淡的日子里，有山光水鸟不离不弃，有故人千里共明月，也可视作快意人生。

无论身在何处，辛弃疾时常想起的，必然有一个叫陈亮的人，想起他的惊世才情，想起他的怀才不遇，自然也会想起那个同游共醉的冬天。他总是想，或许某天，那落拓不羁的文人会蓦然间出现在他门前，与他重温诗酒旧梦。

辛弃疾没想到，他等来的是陈亮离世的噩耗。

那年，陈亮与辛弃疾同游十日，离开了带湖。回乡之后，遭人诬告，他再次下狱。辛弃疾委托时为大理寺少卿的郑汝谐施以援手。经郑汝谐多方周旋，陈亮终于获释。绍熙四年（1193），陈亮参加科举，高中状元，被朝廷授予建康军节度判官之职。没想到，不久后他竟一病不起，于次年离世。命运多舛如斯，令人唏嘘。

辛弃疾朋友很多，但如陈亮这样的知音寥寥无几。闻讯后，辛弃疾悲痛欲绝。悲痛之余，他写了篇《祭陈同甫文》，称赞陈亮的才学风骨，回忆携手同游的日子。写着写着，已是泪眼模糊。

闽浙相望，音问未绝。子胡一病，遽与我诀！呜呼同甫，而止是耶？而今而后，欲与同甫憩鹅湖之清阴，酌瓢泉而共饮，长歌相答，极论世事，可复得耶？千里寓辞，知悲之无益，而涕不能已。呜呼同甫，尚或临监之否？

往事历历，无奈天人永隔。

一抔土，千行泪。黯然神伤的况味。

他是豪放的辛弃疾，风流快意，剑气纵横。但是，知己离世，他痛哭流涕，肝肠寸断。都说男儿有泪不轻弹，只因未到伤心处。恐怕，只有在一个铁血男儿伤心垂泪之时，我们才会明白这话的含意。

孟浩然说："欲取鸣琴弹，恨无知音赏。"

那是独立天地之间，悲喜无人知晓的寂寥。

辛弃疾心中的琴弦，刹那间断了。

绍熙五年（1194）六月，宋孝宗赵昚驾崩。七月，宋光宗赵惇禅位给太子赵扩，是为宋宁宗。就在这个月，谏官黄艾上疏弹劾辛弃疾。很快，朝廷就免去了辛弃疾福州知州及福建安抚使之职。《宋会要·职官》载："七月二十九日，知福州辛弃疾放罢，以臣僚言其残酷贪饕，奸赃狼藉。"

南宋朝廷无意亦无力收复中原，政治斗争却是非常激烈，仅从辛弃疾仕途起落就可见一斑。一群孱弱文臣，尽日奔忙的不是安济天下，而是任意臧否，排除异己。那些遥望神州、满心悲伤的忠正贤良之臣，难有立足之地，多悲哀！

事实上，辛弃疾虽已去职，对他的打击还在继续。言官们不依不饶。这年九月，御史中丞谢深甫又弹劾辛弃疾，说他勾结丞相，行贪腐之事。辛弃疾又受到降两级的处分，其职名由集英殿修撰降为秘阁修撰。《宋会要·职官》载："九月二十七日，朝散大夫、集英殿修撰辛弃疾降充秘阁修撰。"

宋宁宗庆元元年（1195）十月，新任御史中丞何澹又弹劾辛弃疾"酷虐裒敛，掩帑藏为私家之物，席卷福州，为之一空"。意思是，将国库占为己有，肆意搜刮民脂民膏，福州被他洗劫一空。于是，朝廷剥夺了辛弃疾秘阁修撰的贴职。

庆元二年（1196）九月，又有言官弹劾辛弃疾，说他"贪污恣横，唯嗜杀戮。累遭白简，恬不少悛"。意思是说，辛弃疾这个人不仅贪污，还暴戾恣睢，任意杀戮，多次被弹劾，仍旧不知悔改。于是，朝廷又免去辛弃疾主管冲祐观的虚职。至此，辛弃疾的所有职位官衔被朝廷剥夺得干干净净。他再次成了一介布衣。

辛弃疾行事果决，不徇私情，但绝非凶残暴虐，更不可能嗜杀成性；至于贪污，更是捕风捉影。言官们所列罪名，皆属子虚乌有。恐怕辛弃疾屡次被弹劾，只因他是一个有志气有才能的将军。

在一个绵软无力、不思进取的朝廷里，所有能臣良将的存在，似乎都是不合时宜的。辛弃疾立志收复河山，又在地方着手建立军队，在朝廷看来，不仅不可喜，还是隐患和威胁。可以说，从南下归宋那天起，辛弃疾的悲剧就注定了。不过，辛弃疾从不后悔。他选择南下，为的是江山社稷、黎民苍生。他只是感叹，满腹才略被弃如敝屣。

被罢官也好，反正他早已厌倦官场，想着回归田园了。不久后，辛弃疾离开了福州。他要去的是信州，那里有他久已想念的带湖和瓢泉。当然，还有曾与他结盟，在他离开时负气背人而飞的白鸥。路上，他写了首《柳梢青·三山归途，代白鸥见嘲》：

> 白鸟相迎，相怜相笑，满面尘埃。华发苍颜，去时曾劝，闻早归来。
> 而今岂是高怀。为千里、莼羹计哉。好把移文，从今日日，读取千回。

去而复返，白鸥定会嘲讽。

见他满面尘埃，白鸥既觉得可笑，又满心怜惜。

很显然，这是辛弃疾的自怜自伤。再入仕途，竟然是重蹈覆辙的结局。他既有无奈，也有愤慨。所以，他站在鸥鸟的角度，将这份心情道了出来。

面对灰头土脸归来的辛弃疾，白鸥的态度很复杂。可怜他的失败，又忍不住要他为自己的选择负责任，于是这样说道："你这满头白发的老头子，当日我曾劝你不要出山，即便要出山，也要早些归来，你也答应了。"白鸥的这番说辞，很为辛弃疾这么晚才归来而不满。

这自然是他自己的心事。仕途如泥淖，他竟然要到被弹劾罢官才脱身而出，实在值得反思和后悔。

在结尾中，白鸥更是对他冷嘲热讽，要他从今以后，每天都把前人讽刺假隐士的《北山移文》诵读千遍，进行深刻的自我反省。意思是，此次归来，再莫生出山之意，否则便负了"归隐"二字。

经过南剑州时，辛弃疾登临著名的双溪楼。宋代的南剑州，即延平，属福建。这里有剑溪和樵川二水，环带左右。双溪楼正当二水交流的险绝处。登楼远眺，遥望千古红尘，思及平生所历之事，不胜感慨。辛弃疾写了两首词，其中一首为《水龙吟·过南剑双溪楼》：

举头西北浮云，倚天万里须长剑。人言此地，夜深长见，斗牛光焰。我觉山高，潭空水冷，月明星淡。待燃犀下看，凭栏却怕，风雷怒，鱼龙惨。

峡束苍江对起，过危楼欲飞还敛。元龙老矣，不妨高卧，冰壶凉簟。千古兴亡，百年悲笑，一时登览。问何人又卸，片帆沙岸，系斜阳缆？

面对万里河山，他仍是一片深情。

他仍想着，一剑霜寒万里，扫尽敌寇。

但这却也只是想想。层楼之上，江水悠悠。江水带走的，有尘世繁华，有聚散离合，也有兴亡成败。那日，辛弃疾在另一首词《瑞鹤仙·南剑双溪楼》中写道："山林钟鼎，意倦情迁，本无欣戚。转头陈迹。"

钟鼎山林，皆如梦幻。

岁月悠悠，一切终将化为尘埃。

此时的他，对于功名之事，既无欣喜，亦无悲戚。

他只想放下俗事，做个闲人。

## 卷七：此去已无声

寂静浮生，如梦一场。

我们皆是，两手空空地走在世间。

山河草木、春夏秋冬，终将在某年某日，归还给岁月。

同时归还的，还有行色匆匆的自己。

### 知我者，二三子

很多时候，我们只能独坐万丈红尘，对酌清风明月。

离开官场，辛弃疾的生活便是如此。溪边明月，茅舍清风，心底诗意，手中酒杯，有了这些，他就能将平淡的日子过得无比精彩。生活就像作画，我们要在泛白的纸上，画上烟村茅舍、烟雨扁舟。至于无可奈何的事情，以一颗随缘之心去面对。绍熙五年（1194）秋，辛弃疾回到了信州。之后，辛弃疾写了首《兰陵王·赋一丘一壑》：

一丘壑，老子风流占却。茅檐上、松月桂云，脉脉石泉逗山脚。寻思前事错，恼杀晨猿夜鹤。终须是、邓禹辈人，锦绣麻霞坐黄阁。

长歌自深酌。看天阔鸢飞，渊静鱼跃。西风黄菊香喷薄。怅日暮云合，佳人何处，纫兰结佩带杜若。入江海曾约。

遇合，事难托。莫系磴门前，荷蒉人过，仰天大笑冠簪落。待说与穷达，不须疑著。古来贤者，进亦乐，退亦乐。

无是非萦怀，有山水相伴，这才是生活。

班固《汉书·自叙传》云："渔钓于一壑，则万物不奸其志；栖迟于一丘，则天下不易其乐。"处山水林壑之间，饮酒垂钓为生，则世间俗事皆不必挂心。人生于世，最好的状态就是，有居庙堂之高的勇气，亦有处江湖之远的从容，进退自若。事实上，心中若有林泉丘壑，无论进退，皆能悠然自得。

或许是因为信州为士大夫聚集之地，辛弃疾不愿周旋于各种应酬，所以罢官后他决定卜居铅山期思村。不久之后，他便开始在期思瓢泉附近修筑房舍，打算在那里长住。当年，访得瓢泉，辛弃疾就在词中这样写道："便此地、结吾庐，待学渊明，更手种、门前五柳。"如今，他决定落实这个愿望。他写了首《沁园春·再到期思卜筑》：

一水西来，千丈晴虹，十里翠屏。喜草堂经岁，重来杜老，斜川好景，不负渊明。老鹤高飞，一枝投宿，长笑蜗牛戴屋行。平章了，待十分佳处，著个茅亭。

青山意气峥嵘，似为我归来妩媚生。解频教花鸟，前歌后舞，更催云水，暮送朝迎。酒圣诗豪，可能无势，我乃而今驾驭卿。清溪上，被山灵却笑，白发归耕。

归去云水之间，日子恬淡快意。

就像杜子美闲居溪畔，陶渊明种菊东篱。

因他归来，青山都平添几分妩媚。平静的日子里，有花鸟轻舞，有云水送迎。当然，这样的日子里，少不得酒，少不得词。如此，白发归耕，纵被人嘲讽又何妨！

宋宁宗庆元元年（1195）春，瓢泉新居落成。次年，带湖宅院失火，小楼茅舍、曲径疏篱尽数化为灰烬。对此，辛弃疾看得很淡。既然进退皆可乐，那么有无也无须执着。他带着家眷，搬入了瓢泉新居。《辛稼轩历仕始末》载："卜居广信带湖，为煴烬所焚，庆元丙辰，徙居铅山县期思市瓜山之下。"

在瓢泉，辛弃疾依旧过着游山玩水、饮酒填词的散淡生活。偶尔独自漫步山野，一蓑烟雨；偶尔与两三好友同游，诗酒相对，闲话桑麻。人至暮年，他愈加喜欢清静。卜居瓢泉数年，他写了两百余首词，有山水之乐，有诗酒之情，也有几许闲愁。其中有一首《贺新郎》道：

甚矣吾衰矣。怅平生、交游零落，只今余几！白发空垂三千丈，一笑人间万事。问何物、能令公喜？我见青山多妩媚，料青山见我应如是。情与貌，略相似。

一尊搔首东窗里。想渊明、《停云》诗就，此时风味。江左沉酣求名者，岂识浊醪妙理？回首叫、云飞风起。不恨古人吾不见，恨古人不见吾狂耳。知我者，二三子。

人间万事，不如浊酒一杯。

李白诗云：相看两不厌，唯有敬亭山。

与青山相对，不厌不弃，固然清雅，终不免孤独。到底，两三知己，同游云水，共醉花前，更为快意。可惜很多时候，他只有自己，独自沉吟独自行。人生知己，或是生离，或已死别，总之两无消息。人生于世，原本如此，走着走着就只剩自己，独饮孤寂，独面斜阳。他说，红尘万丈，懂他的人，不过两三个。有孤高，也有落寞。

对陶渊明，辛弃疾是由衷仰慕，欣赏其高逸性情，羡慕其悠然生活。因此，他在词中多次提及陶渊明，就像是隔着八百年，与那田园诗人把酒吟唱。陶渊明在《停云》中写道："停云霭霭，时雨濛濛。八表同昏，平陆成江。有酒有酒，闲饮东窗。愿言怀人。舟车靡从。"闲坐独饮，于陶渊明和辛弃疾，都是乐事。

辛弃疾说："不恨古人吾不见，恨古人不见吾狂耳。"意思是，他并不遗憾无缘得见古人风姿，只是遗憾古人见不到他的轻狂。也可以理解为，古人不识得他，是古人的遗憾。

陶渊明尚有他这个知己。而他自己，却知己寥寥，悲喜少有人知。

对他来说，这是莫大的悲哀。

老来曾识渊明，梦中一见参差是。觉来幽恨，停觞不御，欲歌还止。白发西风，折腰五斗，不应堪此。问北窗高卧，东篱自醉，应别有、归来意。

须信此翁未死，到如今凛然生气。吾侪心事，古今长在，高山流水。富贵他年，直饶未免，也应无味。甚东山何事，当时也道，为苍生起。

辛弃疾这首《水龙吟》，上阕先写自己梦中得见陶渊明，醒来时怅然若失，连饮酒都没了兴致。陶渊明因不愿为五斗米折腰，于是辞官归故里，白发躬耕，辛弃疾对他无比钦佩。北窗高卧、东篱自醉，这样的生活陶渊明乐在其中，辛弃疾亦是。因为情怀相似，所以辛弃疾坚信，自己与陶渊明心意相通，就像当年的俞伯牙和钟子期。

词的下阕开头赞颂陶渊明精神永存，富有生气；继而写与陶渊明心境相通，为异代知音；最后抒怀明志，宁终于田园也不同流合污，即便出山也志在为民，绝不求个人荣华。为避免白鸥嘲笑，这出山的念头，他恐怕只能偷偷藏在心里。

陶渊明好酒，辛弃疾也可谓嗜酒如命。酒之一物，可以佐诗情，可以添快意，因此古代文人多有饮酒之好。李白素有"酒仙"之称，有"会须一饮三百杯"的豪兴；杜甫好酒，他说"酒债寻常行处有，人生七十古来稀"；苏轼豁达豪放，亦是好酒之人，"酒酣胸胆尚开张"，畅快淋漓；白居易自称"醉司马"，酒兴亦不输别人，他说"百事尽除去，尚余酒与诗"。

甚至，以婉约著称的李清照也是好酒之人。她一生坎坷漂泊，经历了国破家亡，与赵明诚生离死别，每每伤感愁苦，总会借酒浇愁。她说，"东篱把酒黄昏后，有暗香盈袖"。她说，"三杯两盏淡酒，怎敌他、晚来风急"。她说，"昨夜雨疏风骤，浓睡不消残酒"。

辛弃疾也喜欢借杯中之物，或助兴，或浇愁。稼轩词共六百余首，近一半与酒有关。带着几分醉意，写出的词豪兴无双，比如"总把平生入醉乡，大都三万六千场"，"一饮动连宵，一醉长三日"。

杜甫说，李白斗酒诗百篇。似乎有酒相佐，文人们才能文思如泉涌。辛弃疾在一首《临江仙》中写道："要他诗句好，须得酒杯深。"总之，如苏东坡所言，诗酒趁年华，为文与饮酒是分不开的。喜欢饮酒，便有饮醉之时。辛弃疾醉后的模样，如下面这首《西江月·遣兴》所写：

醉里且贪欢笑，要愁那得工夫？近来始觉古人书，信著全无是处。
昨夜松边醉倒，问松我醉何如？只疑松动要来扶，以手推松曰去。

饮醉之后，只管尽情欢笑，哪有工夫发愁？

那晚，辛弃疾酒醉，步履蹒跚。行到松树旁，问松树他醉到了什么程度。风吹松动，他以为松树要来扶他，连忙用手推松，说道："走开，不用你扶。"这就是辛弃疾。生动活泼的文字里面藏着一颗幽默有趣的心。

酒这种东西，小酌怡情，纵饮伤身。辛弃疾也深知终日嗜酒，对身体大有损伤。因此，他曾发誓戒酒，还写了首《沁园春·将止酒，戒酒杯使勿近》：

杯汝来前，老子今朝，点检形骸。甚长年抱渴，咽如焦釜；于今喜睡，气似奔雷。汝说"刘伶，古今达者，醉后何妨死便埋"。浑如此，叹汝于知己，真少恩哉！
更凭歌舞为媒。算合作平居鸩毒猜。况怨无小大，生于所爱；物无美恶，过则为灾。与汝成言："勿留亟退，吾力犹能肆汝杯。"杯再拜，道"麾之即去，招则须来"。

词风活泼风趣，是辛弃疾手笔。

如他这般落笔，而又不失风雅的，古今少有。

这首词，题目"将止酒，戒酒杯使勿近"，似乎不怪自己贪杯，倒是怪酒杯紧跟着自己。词的开头，他大声喝道："酒杯，你给我过来！"然后，便是对酒杯的一番指责。长年口渴，喉咙干得似焦炙的铁釜，是因为它；近来嗜睡，睡中鼻息雷鸣，也是因为它。

酒杯甚觉无辜，辩解道："刘伶为古代贤人，拎着酒壶，足迹所至总以饮酒为乐，还说喝死了就地掩埋就好。"酒杯的意思是，既然好酒，就该如刘伶那样，不该有戒酒之心。辛弃疾既惊讶于酒杯的无情，又不得不承认其中的确有几分道理。于是，蓦然想起，酒杯曾是自己的知己。

但是，身体要紧，酒终是要戒的。因此，词的下阕他又说，古人设宴饮酒大多以歌舞助兴，这种场合最容易过量伤身。可以说，酒之一物，与鸩毒无异。然后他又说，怨意不论大小，常由爱极而生；事物即使再好，过了头便会成害。

既然纵酒伤身，戒酒就是势在必行之事。于是他下定决心，对酒杯说："你速速离去，若是再来，我定会将你打碎。"然而，酒杯作为他的知己，早已看穿了一切，知道他话语虽严厉，却未必能真的戒酒。此时，酒杯不再辩解，只是默然拜别，说道："挥之即去，召之即来。"意思是，你现在将我赶走，到时候酒瘾犯了，还是得召我前来。说得幽默，大可玩味。

事实上也的确如此。后来，一群文人携酒入山，坐而论道。兴之所至，辛弃疾忍不住破戒饮酒。性情中人，大抵如此。那日，他写了首《沁园春》，他在题记中写道："城中诸公载酒入山，余不得以止酒为解，遂破戒一醉。"他是好酒的性情中人，离开了酒，生活便少了许多乐趣。与朋友相聚，更是无酒不欢，因此破戒在所难免。

三分诗情，七分醉意，这就是辛弃疾。退隐林泉，卜居茅舍，偶有愁绪和孤独，但大多时候，诗酒在怀，风月在侧，他是恬淡悠然的。

红尘如寄，岁月无声。

有星河草木、轻风细雨从不负你。

还有一盏明月，照你田园、世事今古。

如此，婆娑世界，还值得住下去。

## 白发多时故人少

散履闲行，野鸟忘机时作伴；

披襟兀坐，白云无语漫相留。

当下，辛弃疾的日子，便是如此。

莳花种草，停云待月，日子如元代宋方壶《山坡羊·道情》所写："青山相待，白云相爱。梦不到紫罗袍共黄金带。一茅斋，野花开。管甚谁家兴废谁成败。陋巷箪瓢亦乐哉。"陋巷茅庐，箪食瓢饮，自有几分闲趣。

这天，辛弃疾与朋友在瓢泉饮酒。朋友问，泉声是喧闹还是安静。

辛弃疾已喝醉，来不及回答。酒醒后，他觉得以"蝉噪林逾静"应对最合适，一片喧闹的蝉声，更使山林显得寂静。次日，他写了首《祝英台近》：

水纵横，山远近，拄杖占千顷。老眼羞将，水底看山影。试教水动山摇，吾生堪笑，似此个、青山无定。

一瓢饮。人间翁爱飞泉，来寻个中静，绕屋生喧，怎做静中境？我眠君且归休，维摩方丈，待天女、散花时问。

一箪食，一瓢饮。青山相待，白云相爱。如此，更有何求？

当年，陶渊明隐居时，无论谁来相访，只要有酒，就取出与之共饮。他若先醉，就对客说："我醉欲眠卿且去，明朝有意抱琴来。"正因了这份率真，辛弃疾对他无比仰慕。

辛弃疾喜欢交游，隐居瓢泉，与当地文人雅士多有往来。据邓广铭《辛弃疾传·辛稼轩年谱》载，庆元四年（1198），吴绍古任铅山县尉，辛弃疾与之交往频繁。吴绍古字子似，鄱阳人。有史才，善诗。稼轩词里，有多首提及吴绍古，比如下面这首《鹧鸪天·吴子似过秋水》：

秋水长廊水石间，有谁来共听潺潺。羡君人物东西晋，分我诗名大小山。穷自乐，懒方闲。人间路窄酒杯宽。看君不了痴儿事，又似风流靖长官。

清贫自乐，慵懒安闲。

人生到最后，这恐怕就是最好的状态。

吴绍古虽忙于公务，但偶尔也会纵情山水，自得风流。辛弃疾乐于和他交往，便是因为他身上少的是官场气息，多的是诗酒情意。吴绍古常往瓢泉做客，他们把酒风前篱下，不论功名，只说风月，欢畅无比。这天，吴绍古又欣然而至。谈笑之余，以词唱和，辛弃疾写了首《沁园春·和吴子似县尉》：

我见君来，顿觉吾庐，溪山美哉。怅平生肝胆，都成楚越；只今胶漆，谁是陈雷？搔首踟蹰，爱而不见，要得诗来渴望梅。还知否：快清风入手，日看千回。

直须抖擞尘埃。人怪我柴门今始开。向松间乍可，从他喝道？庭中且莫，踏破苍苔。岂有文章，谩劳车马，待唤青刍白饭来？君非我，任功名意气，莫恁徘徊。

佳客来访，山水皆欢喜。

看上去，他分明就是那好客的杜子美。

先是"花径不曾缘客扫，蓬门今始为君开"。然后，"夜雨剪春韭，新炊间黄粱"。好友相逢，不必玉盘珍馐，粗茶淡酒，亦可怡然。或许，辛弃疾也会对吴绍古说"盘飧市远无兼味，樽酒家贫只旧醅"。毕竟，他布衣一介，几年前一座宅院还被大火烧毁了，此时房舍规模甚小，就像他在词中所写："吾庐小，在龙蛇影外，风雨声中。"吴绍古自然也不会在意。辛弃疾罢官闲居，吴绍古与他结交，所为无非是对他才学和性情的钦慕。

这首词，上阕由爱人而爱及友人之诗，下阕由始开柴门而从他花间喝道，到粗茶淡饭以待客，备言友谊。词的结尾，辛弃疾还不忘劝好友，莫效仿他流连丘壑，当以功业自勉。只是，想到功业，他不免悲凉。

人至暮年，除了游山玩水、访友待客，还添了含饴弄孙之乐。只不过人生之事，总是悲欣交集、晴雨相间的。据《菱湖辛氏族谱》载，辛弃疾妻子范氏于庆元四年（1198）前后离世，此后他又续娶了林姓女子。

相濡以沫近四十年，终是一别。

诗里说，"执子之手，与子偕老"。若能如此，多好！

可惜，不离不弃，生死相许，终究敌不过岁月。

这一时期，辛弃疾写过一首《贺新郎·别茂嘉十二弟》：

绿树听鹈鴂。更那堪、鹧鸪声住，杜鹃声切。啼到春归无寻处，苦恨芳菲都歇。算未抵、人间离别。马上琵琶关塞黑，更长门、翠辇辞金阙。看燕燕，送归妾。

将军百战身名裂。向河梁、回头万里，故人长绝。易水萧萧西风冷，满座衣冠似雪。正壮士、悲歌未彻。啼鸟还知如许恨，料不啼清泪长啼血。谁共我，醉明月？

茂嘉为辛弃疾堂弟。

因为心境黯淡，送别之时，词写得无比凄切。

这首词首尾以啼鸟相呼应，描写暮春的凄凉景色；中间引述历史故事，铺叙古代种种离情别恨，借送别族弟，抒发壮志难酬的义愤。

暮春时节，杜鹃啼血，本就让人心生悲凉。而这场离别，又恰在此时发生。悲凉转为悲伤，继而成了凄绝。无人共醉明月，那是无比地孤独。

而外面的世界，依旧是风波不断。

朝廷之上，争名夺利、钩心斗角，一如从前。

绍熙五年（1194），宋光宗禅位于宋宁宗。这位新皇帝如他父亲，软弱无能，毫无主见。也因此，朝廷明争暗斗更加激烈。在宁宗即位的过程中，赵汝愚功不可没，因此受到了宁宗重用。八月，赵汝愚被提升为右丞相。未久，赵汝愚推荐朱熹任焕章阁待制兼侍讲，相当于皇帝的老师兼顾问。

与此同时，另一位拥立宁宗即位的有功之臣韩侂胄，因为是宁宗皇后的叔父，也备受皇帝依赖。渐渐地，赵汝愚和韩侂胄以及依附于他们的朝臣成了两派，彼此对立，互相倾轧，最后演变成了庆元党争。

绍熙五年（1194）九月，朱熹给宁宗上疏，弹劾韩侂胄居功自傲、擅自专权，反而引起了宁宗的不满。不久后，朱熹被罢官。《宋史·宁宗本纪》载："闰月……戊寅，侍讲朱熹以上疏忤韩侂胄罢，赵汝愚力谏，不听。"

庆元元年（1195），赵汝愚被不断弹劾，先罢右丞相，知福州；后又被贬谪为宁远军节度副使，永州安置。《宋史·宁宗本纪》载："戊寅，以右正言李沐言，罢赵汝愚为观文殿大学士、知福州。"《宋史·赵汝愚传》载："以监察御史胡纮，疏汝愚唱引伪徒，谋为不轨，乘龙授鼎，假梦为符。责宁远军节度副使，永州安置。"贬谪途中，赵汝愚不幸染病，于次年初郁郁而终。

庆元二年（1196）二月，朝廷将理学定为"伪学"，大加鞭挞，责令天下仕子不得学习。朱熹作为理学宗师，自然是韩侂胄及其党羽打击的最大目标。同时，朱熹的很多弟子也受到牵连，或被下狱，或被流放。然而，这还远远没有结束。庆元三年（1197），以韩侂胄为首的当权派，列出了包括赵汝愚、朱熹、周必大、吕祖谦、叶适在内的五十九人的黑名单，称之为"伪学逆党"，禁止他们参加科举，担任官职。这一事件，史称"庆元党禁"。

庆元党禁因政治斗争而起，最后成了一次大规模的文化清洗。对于学术文化，可谓是一场浩劫。在这场运动中，许多清正之臣或被罢官，或被贬谪，而韩侂胄等人则扶摇直上，成了朝堂上的主角。

庆元六年（1200）三月，朱熹病故。《朱子年谱》载："庆元六年庚申，七十一岁，三月甲子先生卒。"彼时，辛弃疾正在读《庄子》一书，听到老友病故的消息，他悲不自胜，写了首《感皇恩·读〈庄子〉，闻朱晦庵即世》：

案上数编书，非庄即老，会说忘言始知道。万言会句，不自能忘堪笑。今朝梅雨霁，青天好。

一壑一丘，轻衫短帽。白发多时故人少。子云何在，应有玄经遗草。江河流日夜，何时了。

**清静无为，逍遥快意。**

庄子和老子，对人生的理解是这样的。

辛弃疾也想淡看世事，聚散随缘。可是，故人离世，他无法不悲伤。六十一岁，白发越来越多，故人越来越少，他无法不凄凉。但他并未沉湎于悲伤，而是写了这首词，化用杜甫"尔曹身与名俱灭，不废江河万古流"之句，将朱熹视为屹立于滚滚波涛中的砥柱山，既言朱熹将永垂不朽，又将矛头直指韩侂胄之流，称其终将灰飞烟灭。

据《宋史·辛弃疾传》载，朱熹去世后，南宋朝廷下诏，禁止人们前去送葬和祭奠，因此，朱熹的许多故旧门生都不敢前去。而辛弃疾全然不避嫌疑，毅然前往吊唁，并且撰文祭奠，文曰："所不朽者，垂万世名。孰谓公死，凛凛犹生。"辛弃疾不负"朋友"二字，亦不负"风骨"二字。

见风使舵、畏畏缩缩，他都不会，亦不屑。

万里风波之中，纵横扁舟一叶。

那是他倔强的身影。


## 新凉灯火，一编太史公书

人生，是一本静默的书。

有的薄薄几页，有的无比厚重。

每一页都是新的，却都落满尘埃。

那是岁月的痕迹。

书的扉页，是红尘路远；书的封底，是人生如梦；而中间，文字或稀疏或密集，却都藏着"世事无常"四字。来的时候，不知悲喜为何物，去的时候回望走过的路，总会叹一句：当时只道是寻常。

尽管世事无常，聚散离合都在刹那间发生，但我们仍要坚定前行，于风雨中寻丽日，于黯淡中寻安恬，如此才算不负流光。辛弃疾命运多蹇，未曾实现平生抱负，但他流连山水、醉吟风月，于寂静处独自逍遥，也不失为一种丰盈。

庆元六年（1200）春，好友杜叔高来访，与辛弃疾相与数日。其间，他们曾前往观赏天保庵瀑布，辛弃疾写了《同杜叔高、祝彦集观天保庵瀑布主人留饮两日且约牡丹之饮》，题下注道："庚申岁二月二十八日也。"诗中写道："出门俯仰见天地，日月光中行坦途。"

杜叔高，即杜斿，金华兰溪人，为朱熹门人。与兄伯高、仲高，弟季高、幼高五人俱博学工文，人称"金华五高"。因主张抗金，遭到主和派的打击，一生不得志。

淳熙十五年（1188），陈亮与辛弃疾鹅湖之会，邀请朱熹，后者未曾前去。次年，朱熹特派杜叔高前往带湖说明未曾赴约之缘由。杜叔高与辛弃疾一见如故，相处极为欢洽。分别时，辛弃疾作有《贺新郎·用前韵送杜叔高》，所谓前韵，是指与陈亮唱和的几首《贺新郎》之韵。

细把君诗说，恍余音、钧天浩荡，洞庭胶葛。千丈阴崖尘不到，惟有层冰积雪。乍一见、寒生毛发。自昔佳人多薄命，对古来、一片伤心月。金屋冷，夜调瑟。

去天尺五君家别。看乘空、鱼龙惨淡，风云开合。起望衣冠神州路，白日销残战骨。叹夷甫诸人清绝。夜半狂歌悲风起，听铮铮、阵马檐间铁。

南共北，正分裂。

　　这首词，上阕言好友之诗声律之美，论其诗境界之高妙，赞其人品性高洁。下阕纵论时势，他们有共同的政治立场，共同的心愿，对金人统治下的北方黎民，都十分关切。在这首词里，辛弃疾还对空谈误国者予以斥责：叹夷甫诸人清绝。这句话的意思是，可恨把持朝政的那些人，一味清谈，不顾社稷安危、黎民哀苦。

　　闲居瓢泉，辛弃疾虽有诗酒作伴，也难免寥落。声气相投之故人远道来访，他自是兴奋之至。他与杜叔高相得甚欢，恨不能永久团聚。此次相聚，宴游赠答，辛弃疾作有词十二首，诗二首，都是深挚之作，足见两人感情融洽，绝非泛泛之交。杜叔高离开时，辛弃疾作《婆罗门引·别杜叔高》以赠：

　　落花时节，杜鹃声里送君归。未消文字湘累，只怕蛟龙云雨，后会渺难期。更何人念我，老大伤悲？
　　已而已而。算此意、只君知。记取岐亭买酒，云洞题诗。争如不见，才相见便有别离时。千里月、两地相思。

　　李后主说，别时容易见时难。

　　故人相别，六十一岁的辛弃疾，也难免老泪纵横。

　　毕竟世事难测，此一别后，是否还能重逢，谁都不晓得。就像他词中所言：后会渺难期。在另一首送别杜叔高的词《上西平》中，辛弃疾写道："江南好景，落花时节又逢君。夜来风雨，春归似欲留人。"

然而，故友终是去了。月明千里，人各一方。

暮春时节，花落水流，像极了那场离别。

辛弃疾与杜叔高之兄杜仲高也有很深的交往。辛弃疾作有《水调歌头·即席和金华杜仲高韵，并寿诸友，惟酌乃佳耳》，写出了他们相交的感情。辛弃疾帅浙东时，曾为其开山田。高翥在《喜杜仲高移居清湖》题下自注道："稼轩为仲高开山田，仲高有《辛田记》。"杜仲高是"金华五高"中颇具才华的一位，今存《癖斋小集》，存诗二十首。

几年后，曾被认定为"伪学逆党"的主要代表人物被逐步恢复名誉。与此同时，韩侂胄见金国国力衰退，又在与蒙古的战争中屡吃败仗，便想趁机对金国用兵，以立不世之功。不过，由于"庆元党禁"，韩侂胄人心尽失，世人对他颇多指摘。为了缓解舆论压力，也为了北伐之事，韩侂胄开始起用主战派官员。《宋史纪事本末·韩侂胄专政》载："侂胄欲以势利盅士大夫之心，薛叔似、辛弃疾、陈谦等皆起废显用。"

宋宁宗嘉泰三年（1203）六月，辛弃疾被重新起用，知绍兴府兼浙东安抚使。《宋史·辛弃疾传》载："久之，起知绍兴府兼浙东安抚使。"《宝庆会稽续志·安抚题名》载："辛弃疾，以朝请大夫、集英殿修撰知，嘉泰三年六月十一日到任。"

再度出仕，辛弃疾带着一份宠辱不惊的心情，但他仍是那个心系天下苍生的辛弃疾。他一如从前，勤勉政事，造福黎民。上任不久，他就向朝廷上了一道奏章，陈述州县害农最严重的几件事。

元初学者马端临《文献通考·田赋考》载："嘉泰三年，知绍兴府辛弃疾奏：'州县害农之甚者六事，如输纳岁计有余，又为折变高估趣纳其一也。往时有大吏为郡四年，多取斗面米六十万斛及钱百余万缗，别贮之仓库，以欺朝廷曰："用此钱籴此米。"还盗其钱而去。愿明诏内外台察劾无赦。'从之。"

当时，百姓所承受的苛捐杂税极为繁重。与此同时，各级官员仍在不停巧取豪夺，肆意搜刮民脂民膏。辛弃疾举例说，一名官员做郡守四年，向民众多收米六十万斛，钱百万余缗，然后将米和钱分别存在另外设置的粮仓和钱库里。最后，他将这些米交出来，却谎称是用这些钱买的。于是，钱库里的钱就进了他的私囊。因此，辛弃疾上疏朝廷，希望减轻百姓负担，惩治贪官污吏。同年，浙东地区出现了私盐商贩动乱问题，辛弃疾采取果断措施，很快即平复。

忙完政事，辛弃疾终于可以坐下来，安心欣赏绍兴这座古城了。

绍兴卧龙山下有一座蓬莱阁，为五代吴越国主钱镠所建。城南有若耶溪，相传是西施浣纱之处。李白在《子夜吴歌·夏歌》中写道："镜湖三百里，菡萏发荷花。五月西施采，人看隘若耶。回舟不待月，归去越王家。"辛弃疾曾登临蓬莱阁，还写了首《汉宫春·会稽蓬莱阁怀古》：

秦望山头，看乱云急雨，倒立江湖。不知云者为雨，雨者云乎。长空万里，被西风、变灭须臾。回首听，月明天籁，人间万窍号呼。

*谁向若耶溪上, 倩美人西去, 麋鹿姑苏? 至今故国人望, 一舸归欤。岁去暮矣, 问何不、鼓瑟吹竽。君不见, 王亭谢馆, 冷烟寒树啼乌。*

风流旧事, 已作荒丘。

蓬莱阁上, 一望两千年, 不胜感慨。

当年, 越国被吴国大败, 越王勾践甚觉耻辱。其后, 他卧薪尝胆十年, 并将西施献给吴王夫差, 行美人计。夫差耽于美色, 终至国灭。越国胜利后, 范蠡认为, 勾践这个人只能共患难, 不能同享乐, 于是悄然离去, 从此泛舟五湖, 世称陶朱公。也有人说, 范蠡去时携了西施。五湖烟水, 神仙眷侣, 让人怀想不已。辛弃疾曾在《洞仙歌·开南溪初成赋》中写道: "是则是、一般弄扁舟, 争知道, 他家有个西子。"颇有羡慕之意。

当然, 写这首词的时候, 辛弃疾想起的还有晋代王、谢两大家族。曾经, 两大家族无比显赫, 让世人羡慕。但是后来, 他们终究被岁月淹没了。浮名浮利, 终究敌不过岁月。

后来, 辛弃疾在绍兴修建了一座观光亭, 取名"秋风亭", 供登临赏景之用。秋风亭建成以后, 辛弃疾曾在此闲坐听雨, 写了首《汉宫春·会稽秋风亭观雨》。张镃在《南湖集·汉宫春》中题云: "稼轩帅浙东, 作秋风亭成, 以长短句寄余。"

*亭上秋风, 记去年袅袅, 曾到吾庐。山河举目虽异, 风景非殊。功成者去, 觉困扁、便与人疏。吹不断, 斜阳依旧, 茫茫禹迹都无。*

*千古茂陵词在, 甚风流章句, 解拟相如。只今木落江冷, 眇眇愁余。*

故人书报，莫因循、忘却莼鲈。谁念我，新凉灯火，一编太史公书。

斜阳草树，断肠芳草。

千古风流，只如一抹云烟，散去便无痕迹。

那日，秋雨无声，孤独不可言说。

## 暮色诗酒时

算来，人生不过是来去一场空。

来的时候，轻如飞雪；去的时候，默似尘埃。

然而，中间的过程，那条漫长的路上，有的人被岁月踩着，终于零落成泥；有的人与岁月对酌，将自己变成了风景。辛弃疾属于后者，他可以与岁月酬唱，亦可以与自己倾谈。因此，人生虽失意，他却活出了自己的格调和境界。

如今的辛弃疾，词名远播，已是公认的词坛领军人物。所到之处，总有文人雅士与他结交，诗酒相与。自然，这也是辛弃疾乐于为之的。身在绍兴，有一个人不能不访，那便是陆游。

和辛弃疾一样，陆游是坚定的主战派。隆兴北伐时，他上书张浚，献强军之策；隆兴和议后，他又上疏朝廷，建议迁都建康。乾道七年（1171），王炎宣抚川、陕，驻军南郑，召陆游为干办公事，委托他草拟驱逐金人、收复中原的战略计划，陆游作《平戎策》，提出"收复中原必须先取长安，取长安必须先取陇右；积蓄粮食、训练士兵，有力量就进攻，没力量就固守"。可惜，后来朝廷否决了《平戎策》，陆游无比难过。

陆游在仕途多年，因性格狂放耿介，多次被贬谪和罢免。尽管如此，他始终不改其狂放性情。淳熙三年（1176），为回应主和派攻击他"颓放""狂放"，陆游自号"放翁"。绍熙元年（1190），陆游升为礼部郎中兼实录院检讨官。由于他主张抗金，被谏议大夫何澹弹劾"不合时宜"，主和派也群起而攻之，朝廷最终以"嘲咏风月"为名将其削职罢官。陆游再次离开京师，悲愤之余，自题住宅为"风月轩"。

无论是性格还是际遇，陆游和辛弃疾都非常相似。对于陆游，辛弃疾既欣赏其才华，亦钦佩其性情。陆游曾写过一首《诉衷情》："当年万里觅封侯，匹马戍梁州。关河梦断何处？尘暗旧貂裘。胡未灭，鬓先秋，泪空流。此生谁料，心在天山，身老沧洲。"这首词风格豪放，与辛弃疾的词颇为相似，他也因此被后世称为"辛派词人"。

"胡未灭，鬓已秋，泪空流。"

这是陆游的无奈，亦是辛弃疾的无奈。

这天，辛弃疾悄然来到镜湖之畔，陆游的居处。六十四岁的辛弃疾，七十九岁的陆游，两个白发老者一见如故。此前，他们虽未谋面，但对于彼此的才学人品都十分钦佩。这天，他们在风月轩促膝长谈，共论国事，甚是欢洽。告辞时，辛弃疾见陆游住宅简陋，提出帮他构筑田舍，却被陆游婉言谢绝了。行将就木之人，对于身外之物，早已不挂怀。

这年年底，辛弃疾奉诏赴临安，陆游作了首《送辛幼安殿撰造朝》相赠，诗中写道："稼轩落笔凌鲍谢，退避声名称学稼。"还说"大材小用古所叹，管仲萧何实流亚"。对辛弃疾的才情和谋略赞赏有加。在这首诗里，陆游还激励辛弃疾，以北伐为己任。他坚信，若以辛弃疾为帅，定能所向披靡，北定中原。

除了陆游，辛弃疾在绍兴还结识了刘过、姜夔等人。

刘过词风与辛弃疾相近，少怀志节，读书论兵，好言古今治乱盛衰之变。曾多次上书朝廷，"屡陈恢复大计，谓中原可一战而取"。他转迁于江浙等地，与陆游、陈亮、岳珂等交游颇多。

刘过还工于诗，诗多悲壮之调。如《夜思中原》"独有孤臣挥血泪，更无奇杰叫天阍"，《登多景楼》"北固怀人频对酒，中原在望莫登楼"。也有的诗写山水景物，清新秀美。

辛弃疾比刘过年长十四岁，但因性情相近，相识虽晚，交往却是颇深。岳飞之孙、南宋文学家岳珂的《桯史》中记载了辛弃疾与刘过交往的一件逸事。辛弃疾任浙东安抚使时，刘过在临安，辛弃疾欣赏他狂放的性情，于是写信邀请他到绍兴做客。刘过因事不能前往，于是就模仿辛弃疾词风，写了一首《沁园春·寄稼轩承旨》，以诙谐的语气和丰富的想象力，拉白居易、苏轼、林逋做挡箭牌，戏言自己不能赴约的理由。词中写道："斗酒彘肩，风雨渡江，岂不快哉！被香山居士，约林和靖，与坡仙老，驾勒吾回。坡谓'西湖，正如西子，浓抹淡妆临镜台'。二公者，皆掉头不顾，只管衔杯。"

说我久仰你的大名, 一想到要和你狂歌痛饮, 就恨不得冒着风雨, 连夜渡江前往。可是, 刚到西湖, 就被白居易、林逋和苏东坡三位给截住了。他们都说西湖风景甚好, 应该多停留些时日, 不必着急前去拜访你。

刘过是南宋著名的"辛派词人"。由于个性狂妄, 不拘礼法, 人们骂他"狂怪", 刘过不但不气, 反而非常高兴。其实, 刘过对辛弃疾仰慕已久。辛弃疾去信相邀, 他很是欣喜。尽管如此, 他并没有表现出过度的谦卑, 而是很自然地将辛弃疾视作朋友, 不卑不亢。

都是性情中人, 对刘过的行为, 辛弃疾不仅不恼, 反而觉得这正是其真性情所在。两人相交甚笃。对辛弃疾来说, 晚年结识刘过这样一位狂士, 无疑是乐事一桩。

姜夔少时孤贫, 屡试不第, 终生未仕, 一生转徙江湖, 靠卖字和朋友接济为生。

辛弃疾比姜夔年长十四岁, 而且两人词风迥异, 但这并不影响他们成为好友。一个豪放旷逸, 一个卓尔不群, 相见便似故人。

辛弃疾登临蓬莱阁时, 作有《汉宫春·会稽蓬莱阁怀古》。辛弃疾在词中以吴越争雄论人间冷暖, 世间沧桑, 云雨变化, 称赞范蠡与西施隐居的快乐生活, 颇有归隐思想。姜夔甚是喜爱, 于是唱和一首《汉宫春·次韵稼轩蓬莱阁》。词中写道: "一顾倾吴。苎萝人不见, 烟杳重湖。当时事如对弈, 此亦天乎。大夫仙去, 笑人间、千古须臾。有倦客、扁舟夜泛, 犹疑水鸟相呼。"

他紧贴吴越之争的典故, 点明西施起到了"一顾倾吴"的作用,并说历史人物早已不在，故事存留于世，活着的人应以安济天下为己任。姜夔以自己责任在身，还有"水鸟相呼"，力劝辛弃疾要为家国着想，不负平生宏愿。

如今，辛弃疾还在绍兴。

身边有云水相照，有一群志趣相投的朋友。

有诗有酒，日子清浅而快味。


## 千古江山，英雄无觅

我们总会明白人生。

或许是在一个暮春的黄昏。

群山寂静，新月如钩。满城落花，随着流水去了远方。只有三两片流浪的白云，照看着江山无限。数声杜鹃，惊破了千年岁月。刹那间明白，浮生世事，不过是梦幻一场。倘若那时候我们无怨无悔，那么人生便不算虚度。

年逾花甲，辛弃疾对于许多事已然看淡。功名利禄，他早已不挂怀。因此，在知绍兴府兼浙东安抚使期间，除了为百姓办些实事，辛弃疾的很多时间都用来和文友赏景酬唱。已到暮年，他仍想活得尽情尽兴。

不过，嘉泰三年（1203）末，辛弃疾被召入京面圣。很快，他便辞别陆游等人，赶往临安。辛弃疾心知，此番被召，定与北伐有关。

那些年，辛弃疾即使是隐居山野，也一直在关注金国政治、经济、军事等方面的动向。他还派人装扮成商人模样，到金国刺探军情，重点考察金国在山东、河北等地的军事据点、军事设施、兵力部署等。其后，他将这些人考察到的信息绘制成图，以备北伐时部署具体战略所用。

嘉泰四年（1204）初，辛弃疾在临安觐见了宋宁宗。此番觐见，辛弃疾向皇帝陈述了两个问题：盐法和抗金。《宋史·辛弃疾传》载："四年，宁宗召见，言盐法。"《庆元党禁》载："嘉泰四年甲子，春正月，辛弃疾入见，陈用兵之利，乞付之元老大臣。侂胄大喜，遂决意开边衅。"

关于盐法，辛弃疾具体讲了什么，史料中并无明确记载。关于抗金，辛弃疾认为：首先，金国国势渐弱，兼之内忧外患，必将沦亡，所以应当抓住时机，积极北伐，收复中原，一雪靖康之耻；其次，北伐非小事，不能草率行事，必须交给元老大臣来领导和实施。纵观当时朝野上下，能称得上元老大臣，又有带兵打仗经验的，只有辛弃疾一人。跃马关山，金戈铁马，本就是他的志愿。因此，这次陈述，颇有毛遂自荐的意思。

在韩侂胄看来，辛弃疾对宁宗的一番陈述，正是对他主张北伐的支持；而辛弃疾虽向来不喜韩侂胄之为人，但在北伐的意愿上，他和韩侂胄是相同的。不过，也有很多人反对北伐。他们认为，金国固然是国势渐衰，南宋内部的问题也不可忽视，若草率北伐，胜败很难预料。不管怎样，辛弃疾对北伐的积极态度鼓励了韩侂胄。在韩侂胄的建议下，宋宁宗下定了北伐的决心，于是就有了后来的"开禧北伐"。

这次觐见后，辛弃疾被封宝谟阁待制，提举冲祐观。嘉泰四年（1204）三月，辛弃疾被任命为镇江知府。据《嘉定镇江志·宋太守》载："辛弃疾，朝议大夫、宝谟阁待制，嘉泰四年三月到。"

镇江为历史名城，镇江府治京口，是辛弃疾南渡后第一落脚点。南下后，他在京口娶范氏为妻，后来安家于此多年。

从地图上看，镇江位于长江南岸，与扬州、建康遥相呼应，历来为兵家必争之地。看上去，让辛弃疾来此任职，有倚重之意。然而此时的辛弃疾，只是个文官，并无军权在手。实际上，朝廷只是利用他那主战派元老的招牌作为号召而已。辛弃疾最想做的事情，是筹划北伐大业，任镇江知府，此职与他的愿望相去甚远。

尽管如此，辛弃疾还是在积极规划北伐之事。他认为，宋军积弱太深，毫无战斗力，尤其是在符离兵败以后，宋军可谓谈金兵而色变。这样的军队无法担负起北伐重责。因此，辛弃疾主张在宋、金边境招募兵丁，组建一支战斗力强、作战勇猛的军队。为此，辛弃疾还让人打造了一万件红色战衣，准备先招募一万名士兵，加以严格训练，使其陈列江上，以壮国威。

六十五岁的辛弃疾，可谓踌躇满志。闲时，他登山临水。镇江有座北固山，山势险要。山上有座北固楼，又叫北固亭。登临远眺，可见江水浩渺、天地茫茫。六朝时，梁武帝萧衍登临北固山，曾挥笔题下"天下第一江山"。这天，辛弃疾登临北固亭，遥想岁月过往，感慨不已，写了首《南乡子·登京口北固亭有怀》：

*何处望神州？满眼风光北固楼。千古兴亡多少事？悠悠。不尽长江滚滚流。*

*年少万兜鍪，坐断东南战未休。天下英雄谁敌手？曹刘。生子当如孙仲谋。*

风景不再，山河变色。

立在北固亭上，辛弃疾就是这样的感受。

辽阔的中原在外敌手中，这是辛弃疾永远的悲伤。因此，伫立在亭上，遥望北方，愤慨与悲凉积聚成了一句"何处望神州？满眼风光北固楼"，那是对偏安江左的强烈不满。

遥想三国时代，孙权年纪轻轻就统率千军万马，雄据东南一隅，奋发图强，战斗不息。据记载，孙权十九岁继父兄之业统治江东，独据一方。当时，天下英豪万千，但能与之抗衡的，只有曹操和刘备两人。末句"生子当如孙仲谋"本是曹操对孙权的赞誉，辛弃疾借用此句，是希望南宋朝廷能有孙权这样的少年英豪横空出世，那样的话，平定中原指日可待。

辛弃疾的所有想法和举措，都是为朝廷和江山着想，但他终是失望了。筹建新军的建议被朝廷否决，而且他也于次年被罢免了镇江知府之职。韩侂胄只是想利用辛弃疾的声名，并没有打算重用他。后来韩侂胄在宁宗面前屡进谗言，称辛弃疾年事已高，不堪大用。

宋宁宗开禧元年（1205）三月，由辛弃疾举荐的一位官员被查处，辛弃疾因此被降两级，由朝议大夫降为朝散大夫。《宋史·辛弃疾传》载："坐缪举，降朝散大夫。"六月，辛弃疾被调任隆兴知府。离开镇江时，辛弃疾再次登临北固亭，写了首《永遇乐·京口北固亭怀古》。一腔愤懑，无处言说，他只能诉诸文字。

千古江山，英雄无觅，孙仲谋处。舞榭歌台，风流总被、雨打风吹去。斜阳草树，寻常巷陌，人道寄奴曾住。想当年，金戈铁马，气吞万里如虎。

元嘉草草，封狼居胥，赢得仓皇北顾。四十三年，望中犹记，烽火扬州路。可堪回首，佛狸祠下，一片神鸦社鼓。凭谁问：廉颇老矣，尚能饭否？

千古江山，风流快意，都会成空。

一切终将被碾成尘埃，掩埋在岁月深处。

那日，北固亭上，辛弃疾再次想起在京口建立霸业的孙权，以及率军北伐气吞万里的刘裕。金戈铁马，气吞万里如虎，也是他的夙愿。可惜，从少年到白头，在那个气骨难寻的朝廷里，他始终难酬壮志。于是，白发苍苍的时候，只能叹一句：廉颇老矣，尚能饭否？无奈的是，纵然他仍能一剑霜寒万里，也不会被朝廷重用。

这首词的下阕，写刘裕之子刘义隆北伐之事。刘义隆也有乃父之志，可惜才略平庸，三次北伐均无功而返，而且损失惨重。当年霍去病征讨匈奴，在狼居胥山举行封禅祭天仪式。刘义隆立志北伐，希望如霍去病那样封狼居胥，却因盲目冒进，以失败告终。辛弃疾用此典故，除了想告诫韩侂胄等人，北伐应谨慎行事，还有自荐之意。廉颇老矣，尚能饭否？辛弃疾的答案是肯定的。

这首《永遇乐·京口北固亭怀古》，在韩侂胄之流看来，大有扰乱军心之意图。于是，辛弃疾再遭打击。七月，辛弃疾还未到隆兴府就任，就有谏官以"好色贪财，淫刑聚敛"之名弹劾他。于是，朝廷撤销任命，改授辛弃疾提举冲祐观。

身处朝廷，就是如此。

一刹为晴，一刹为雨。从来阴晴无定。

所幸，辛弃疾早已习惯浮沉。

辛弃疾被起用，是因为他主战派的身份。但他反对草率出兵，而韩侂胄立功心切，急于求成，他们的看法很不同，甚至可以说，此时的辛弃疾已成了韩侂胄北伐路上的绊脚石。所以，他再次遭到罢黜。这年秋，辛弃疾回到瓢泉。

辛弃疾走后，韩侂胄认为北伐时机已成熟，正式开启了北伐计划。朝廷中许多人上书企图阻止北伐，皆无果。开禧二年（1206）五月，南宋对金不宣而战。

然而，韩侂胄可以在朝野翻云覆雨，却并无平定天下之能。因将帅无才，在与金兵交战过程中，宋军立呈溃败之势。到后来，南宋朝廷只好再次求和。此次议和，除了土地财物，金人还索要韩侂胄的首级。最终，韩侂胄被礼部侍郎史弥远密谋杀害，继而传首级于金。嘉定元年（1208）九月，宋金和议达成。至此，开禧北伐以南宋朝廷屈辱求和、巨额赔款而告终。

那时，辛弃疾已离世一年。

北伐失败，在他预料之中，但他无力阻止。

他沉睡后，南宋朝廷仍在江南的云水间摇摇晃晃，有气无力，如生命垂危之人。

## 词中之龙

浮生，不过刹那。

生不带来，死不带去。人生不过如此。

我们的一生，最重要的，是以自己喜欢的方式生活。

辛弃疾回到瓢泉后，寄情山水，不再过问朝政。

几经起落，对南宋朝廷，他是彻底绝望了。

因此，此后朝廷数次起用，他都坚决拒绝了。开禧二年（1206），辛弃疾被任命知绍兴府兼两浙东路安抚使；其后，辛弃疾被进拜为宝文阁待制，又进为龙图阁待制，知江陵府。开禧三年（1207），朝廷任命辛弃疾为兵部侍郎。这些，辛弃疾皆推辞不受。很显然，在北伐战争连战连败的情况下，朝廷重新起用辛弃疾，只是为了给民众一个交代。

辛弃疾已无心于政事，他在《丙寅九月二十八日作来年将告老》一诗中写道："西山病叟支离甚，欲向君王乞此身。"另外，他早先还作了一首《瑞鹧鸪》，表明不愿再出仕的心迹：

期思溪上日千回,樟木桥边酒数杯。人影不随流水去,醉颜重带少年来。

*疏蝉响涩林逾静, 冷蝶飞轻菊半开。不是长卿终慢世, 只缘多病又非才。*

曾经, 他坚信自己有补天之能。

而今, 他说自己并无经世之才, 甚是无奈。

开禧三年 (1207) 八月, 他病倒了。

那个八月, 他写了首《洞仙歌》, 题记: "丁卯八月病中作。"

*贤愚相去, 算其间能几? 差以毫厘缪千里。细思量义利, 舜跖之分,*
*孳孳者, 等是鸡鸣而起。*

*味甘终易坏, 岁晚还知, 君子之交淡如水。一饷聚飞蚊, 其响如雷,*
*深自觉、昨非今是。美安乐窝中泰和汤, 更剧饮, 无过半醺而已。*

此后, 辛弃疾在铅山安心养病。朝廷曾起用他为枢密院都承旨,
要他到临安议事。但辛弃疾已病入膏肓。开禧三年 (1207) 九月初十,
辛弃疾病逝于瓢泉, 终年六十八岁。临死前, 他大呼数声"杀贼"。
多年前, 抗金名将在临死前, 曾高呼数声"过河"。壮志未酬, 人
已殒身。他们都是带着遗憾和悲愤离开尘世的。

据乾隆时的《铅山县志》载, 辛弃疾死后, 人们发现, 他家无余财,
仅遗诗词、奏议、杂著书集若干而已。人生一世, 清白而来, 清白而去,
他可以俯仰无愧。

辛弃疾去世后, 被葬于铅山县南十五里的阳原山。然而, 人已去,
纷扰却未平息。第二年, 史弥远掌握了军政大权。辛弃疾因支持北
伐而被给事中倪思弹劾, 继而被朝廷削去了一切荣誉职位。宋理宗

绍定六年（1233），朝廷追赠辛弃疾光禄大夫；宋恭宗德祐元年（1275），朝廷加赠辛弃疾少师，谥号"忠敏"。

据《宋史·辛弃疾传》载，宋度宗咸淳年间，史馆校勘谢枋得经过铅山，住在一间寺庙里。夜间，谢枋得闻听堂上有怨愤之音，从黄昏到半夜久久不绝。经打听得知，辛弃疾墓在附近。于是，谢枋得秉烛作文，写了一篇《祭辛稼轩先生墓记》。写毕，耳畔怨愤之音终于消失。

在这篇祭文中，谢枋得写道："公精忠大义，不在张忠献、岳武穆下……使公生于艺祖、太宗时，必旬日取宰相。入仕五十年，在朝不过老从官，在外不过江南一连帅。公没，西北忠义始绝望，大仇必不复，大耻必不雪，国势远在东晋下，五十年为宰相者皆不明君臣之大义，无责焉耳。"

谢枋得说，辛弃疾之忠义，不在张浚、岳飞之下；如他这般雄才伟略之人，若身在宋太祖、宋太宗时，必定早已做了宰相。在他死后，朝廷再难报仇雪耻。

如今，辛弃疾已长眠地下。

像一盏灯，在风雨之中，终于熄灭了。

世事，与他再无瓜葛。

二十七年后，金国为蒙古所灭。七十二年后，陆秀夫抱着八岁的小皇帝赵昺，和一个瘦骨嶙峋的王朝，沉入了海底。但人们更熟悉的，是文天祥那两句诗："人生自古谁无死，留取丹心照汗青。"生而为人，最重要的，是怎样活过。许多年过去了，一片丹心仍旧照着青史。可见，有的人去了，却永远活着。

辛弃疾在《最高楼》中写道："千年田换八百主。"广厦万间，良田千顷，多年以后终会易主。事实上，万里江山亦是如此。万代皇图，千秋霸业，不过是一场浮华春梦。

盛衰变化，王朝更迭，于岁月都是琐事。

只是当时，人们看不清罢了。

千百年后，曾经肃穆庄严的皇家宫苑，纵然没有化为尘土，走过的也已是市井闲人。踩着岁月谈笑风生，所有恢宏过往，所有盛衰成败，都不过是茶余饭后的谈资。

岁月如纸，飘飘荡荡，变幻无踪。

繁华终会凋谢，喧嚷终归沉寂，风流终将云散。

尘埃落定，许多事已成绝响。

辛弃疾以功业自许，渴望戎马关山、收取山河，剑气纵横万里。可惜，命运不济，所有的宏图壮志皆付诸东流。人生失意的他，只好寄情山水，饮酒填词。于是，后世人们熟知的他，是个词人。金戈铁马，气吞万里如虎，于人们只是词句；于他，却是毕生夙愿。他去了，一切都留给后世评说。

刘克庄在《辛稼轩集序》中说："公所作，大声镗鞳，小声铿鍧，横绝六合，扫空万古，自有苍生以来所无。"吴衡照在《莲子居词话》中说："辛稼轩别开天地，横绝古今。"陈廷焯在《云韶集》中评价："词至稼轩，纵横博大，痛快淋漓，风雨纷飞，鱼龙百变，真词坛飞将军也。"另外，陈廷焯还称辛弃疾为词中之龙。辛弃疾无愧于这个称号。

辛弃疾和苏轼同为豪放派词人，八百年来，关于孰优孰劣，世人始终争执不休。不过，王国维在《人间词话》中曾这样评价：东坡之词旷，稼轩之词豪。应该说，两人皆为词中圣手，各有千秋。不管后世如何评说，辛弃疾对苏轼倒是欣赏有加，也曾唱和过苏轼那首著名的《念奴娇·赤壁怀古》。他的唱和词，题为《念奴娇·瓢泉酒酣，和东坡韵》：

> 倘来轩冕，问还是，今古人间何物？旧日重城愁万里，风月而今坚壁。药笼功名，酒垆身世，可惜蒙头雪。浩歌一曲，坐中人物三杰。
>
> 堪叹黄菊凋零，孤标应也，有梅花争发。醉里重揩西望眼，惟有孤鸿明灭。万事从教，浮云来去，枉了冲冠发。故人何在？长庚应伴残月。

可惜，他们隔着一百年。

否则，临风对酌，谈笑风生，定是人生快事。

无奈世间许多人，注定无法相遇。

八百年，听来漫长，细想却只是一盏茶的光景。许多人，许多事，早已远去无踪。宫阙城郭，王侯将相，皆已化为尘土；才子佳人，风流寂寞，一去了无声响。却总有人，被岁月铭记，念念不忘。就像辛弃疾，人已去远，但翻开他的词，我们还是会忍不住惊叹，惊叹他的笔意，惊叹他的气吞山河，如这首《水调歌头·和马叔度游月波楼》：

客子久不到，好景为君留。西楼著意吟赏，何必问更筹？唤起一天明月，照我满怀冰雪，浩荡百川流。鲸饮未吞海，剑气已横秋。

野光浮，天宇迥，物华幽。中州遗恨，不知今夜几人愁。谁念英雄老矣，不道功名蕞尔，决策尚悠悠。此事费分说，来日且扶头。

在他之后，尚有吴文英、蒋捷等人，支撑起宋词的天空。然而，他们的笔，就如那个憔悴的王朝，终究少了些气力。后来，他们也去了。许多年后，已少有人能以诗人的笔，描摹天地春秋。江山风月，失去了主人，只剩寂寞。

一场梦，终究是醒了。

但梦里的人们，还是被时常想起。

想起时，都像是故人。

# 参考书目

1. [宋]辛弃疾，邓广铭笺注.稼轩词编年笺注[M].上海：上海古籍出版社，2007.

2. [宋]辛弃疾，崔铭导读.辛弃疾词集[M].上海：上海古籍出版社，2010.

3. 辛更儒.辛弃疾资料汇编[M].北京：中华书局，2005.

4. 辛更儒.辛弃疾词选[M].北京：中华书局，2005.

5. 邓广铭.辛弃疾传·辛稼轩年谱[M].北京：生活·读书·新知三联书店，2017.

6. [明]陈邦瞻.宋史纪事本末[M].北京：中华书局，2018.

7. 缪钺，霍松林，周振甫，吴调公，等.宋诗鉴赏辞典[M].上海：上海辞书出版社，1987.

8. 唐圭璋，周汝昌，叶嘉莹，施蛰存，俞平伯，等.唐宋词鉴赏词典（南宋·辽·金）[M].上海：上海辞书出版社，1988.

9. 唐圭璋，周汝昌，叶嘉莹，施蛰存，俞平伯，等.唐宋词鉴赏词典（唐·五代·北宋）[M].上海：上海辞书出版社，1988.

10. 彭定求，等.全唐诗[M].上海：上海古籍出版社，1986.

11. 佘正松.边塞诗选[M].江苏：凤凰出版社，2012.

12. 上海辞书出版社文学鉴赏辞典编撰中心.辛弃疾词鉴赏辞典[M].上海：上海辞书出版社，2013.

13. 蒋星煜.元曲鉴赏辞典[M].上海：上海辞书出版社，1990.

14. 俞平伯，施蛰存，钱伯联，等.唐诗鉴赏辞典（珍藏本）[M].上海：上海辞书出版社，2012.

15. 马群.辛弃疾词选注[M].上海：上海古籍出版社，1984.

16. 谢永芳.辛弃疾诗词全集（汇校汇注汇评）[M].湖北：崇文书局，2016.

17. 唐圭璋.全宋词[M].北京：中华书局，1965.